——新课程背景下教师必备基本

应该这样培养学生的能力

YINGGAIZHEYANG
PEIYANGXUESHENG
DENENGLI

郁芳 刘鹏◎编著

吉林文史出版社

图书在版编目（CIP）数据

应该这样培养学生的能力 / 郁芳,刘鹏编著.——长春:吉林文史出版社,2012. 11（2021.6重印）
（新课程背景下教师必备基本功系列）
ISBN 978 - 7 - 5472 - 1466 - 4

Ⅰ.①应… Ⅱ.①郁… ②刘… Ⅲ.①中小学生 - 学习能力 - 能力培养 Ⅳ.①G632.46

中国版本图书馆 CIP 数据核字（2013）第 034672 号

新课程背景下教师必备基本功系列

应该这样培养学生的能力

YINGGAIZHEYANG PEIYANGXUESHENG DE NENGLI

编著/郁芳　刘鹏

责任编辑/高冰若

封面设计/小徐书装

出版发行/吉林文史出版社

地址/长春市福祉大路5788号

邮编/130118

网址/www.jlws.com.cn

印刷/三河市燕春印务有限公司

开本/710mm×1000mm　1/16

印张/14　字数/150 千字

版次/2013 年 1 月第 1 版　2021 年 6 月第 3 次印刷

书号/ISBN 978 - 7 - 5472 - 1466 - 4

定价/39.80 元

前 言

应该怎样培养学生的能力，这是每一位教师都应该认真思考的问题。

能力是什么？能力就是指人们目前已经掌握的知识和技能，是能够顺利完成某项任务或活动的现有成就水平，同时还包括个体具有的潜力或者可能性。那么，能力并不等同于知识和技能。分数在一定程度上不能代表学生真正的能力，因为能力包括一个个体具有的潜力和可能性。所以，这就说明了为什么中国学生在考试的时候往往得高分，可是在发明创造上面我们却往往没那么优秀，因为我们在强调获得知识和技能的同时，忽视了对学生能力的培养。

我曾经应邀给学生作过一次报告，结合我女儿在美国上学一年的经历。在准备报告的过程中，看了许多相关的资料，也生出许多的感悟，那就是我们和美国学校相比，在培养学生的思考能力、创造能力、动手能力等方面还有些差距，这令既是教师也是母亲的我倍感焦急。我不能看着我们的中小学生在基础教育阶段，在培养能力的最关键阶段就与美国的学生拉大差距。基于这样一种思考，我怀揣着设身处地为中国千千万万中小学生今后人生幸福着想的梦想，以中小学生必备的能力为主线，借鉴中外优秀教师的教育、教学经验，完成此书。因为我感觉，我是母亲，我的孩子就在千万中小学生之中，作为教师和母亲的我都希望他们学习得快乐、成功，生活得幸福、自在，这与学校对学生的要求并不矛盾，可以有机地统一。

在培养学生能力的过程中，最关键的因素就是教师。

中外无数教育改革成功案例表明，要想取得教育教学的成功，最关键的一步就是教师。普通教育成功与否，关键也在教师。教师作为在教育中承上启下的关键环节，他们的作用非常重要。教师在培养学生的过程中，他们的教育理念、教育方法、教育手段都会对学生产生极大的影响。因此，教师应该认真思考怎样培养学生，我们要培养学生什么。

教师一定要转变教育观念，把培养学生的能力和对学生学习成绩的要求统一起来，既能使学生学习成绩提高，又能增强学生的各项能力，学生能够在学习中获得快乐和成功的感受，这就是教育的成功。

就应该这样培养学生的能力。

如果此书能给广大的教师一点点启迪和引领，那就是我最感幸福和荣耀之事了。德国著名教育家第斯多惠说过："教育的艺术不在于传授知识和本领，而在于激励、唤醒和鼓舞。"

我希望教师对于学生而言，不仅仅是传授知识的那个人，更应该是那个在每个幼小心灵中埋下梦想的种子、点燃希望的火种的那个人。

编　者

2012年10月25日于长春

目录
contents

第一章　能力的新理念 …………………………………………… 1

　第一节　能力的概念 ……………………………………… 1

　第二节　能力的种类 ……………………………………… 4

　第三节　能力发展的个别差异 …………………………… 6

　第四节　能力形成的原因与条件 ………………………… 8

第二章　学生良好的学习能力及培养 ………………………… 14

　第一节　学生学习最大的动力——兴趣的培养 ………… 14

　第二节　学生基本学习能力——注意力、观察力的培养 ……… 23

　第三节　学生核心学习能力——记忆力的培养 ………… 39

　第四节　学生高级学习能力——思维能力的培养 ……… 50

　第五节　学生非凡能力——创新能力的培养 …………… 63

第三章　学生幸福生活的能力及培养 ………………………… 78

　第一节　学生维护身体健康能力的培养 ………………… 78

　第二节　中小学生必备的生活能力和自我保护能力的培养 … 109

　第三节　积极健康的心理和心态的培养 ………………… 125

　第四节　欣赏、创造生活之美能力的培养 ……………… 142

第四章　学生融入社会的能力及培养 ………………………… 151

　第一节　与人交往、沟通能力的培养 …………………… 151

　第二节　融入社会与人交往必备的品质培养 …………… 178

　第三节　社会实践能力的培养 …………………………… 200

第四节　善于自我教育和反思能力的培养 …………………… 209

参考文献 ……………………………………………………… 217

第一章　能力的新理念

第一节　能力的概念

一、能力的界定

汉语词典上对"能力"的定义为："掌握和运用知识技能所需的个性心理特征。一般分为一般能力与特殊能力两类,前者指大多数活动共同需要的能力,如观察力、记忆力、思维力、想象力、注意力等,后者指完成某项活动所需的能力,如绘画能力、音乐能力等。"

我们再来看国内较权威的教科书上对"能力"一词的定义。彭聃龄在《普通心理学》一书中为"能力"下的定义是："一般认为,能力是一种个性心理特征,是顺利实现某种活动的心理条件。"[1]黄希庭在《心理学导论》中为"能力"下的定义是："能力(ability)是人顺利地完成某种活动所必须具备的那些心理特征。能力总是和某种活动相联系并表现在活动中。只有从一个人所从事的某种活动中,才能看出他是否具有某种能力。"[2]

在英语中,表示"能力"用两个意义接近但不完全相同的词,即 ability 和 capacity。Ability 指的是对某项任务或活动的现有成就水平,人们已经学会的知识和技能,就体现了他的能力。Capacity 指的是容纳、接受或者保留事物的可能性,

---

[1] 彭聃龄 . 普通心理学 [M]. 北京：北京师范大学出版社，1988：537.

[2] 黄希庭 . 心理学导论 [M]. 北京：人民教育出版社，1991：526.

个体具有的潜力或者可能性就体现这个词的所指。我们日常所说的"能力"应该同时包含了这两个词表示的内容。

能力表现在人所从事的各种活动中,并在活动中得到发展。具有体育能力的人,只有在体育活动中才能施展自己的能力;一个有管理才能的人,也只有在领导工厂、学校等的活动中才能显现出来。当一个人能够顺利并有效地完成某种活动时,就表现了他的能力。

因为能力是相对于具体的作业任务而言的,而具体的作业任务是各不相同的,由此我们可以知道,对于能力的测评也是各不相同的。能力的测评必须依据具体的作业任务的标准而定。

如果问在小说《西游记》中,师徒四人谁的能力最强?这里并没有一个统一的标准。就降妖而言,当属孙悟空;就任劳任怨而言,当属沙和尚;就活跃整个团队气氛而言,当属猪八戒;而就取经的坚定性而言,则为唐僧。在学校中,不同的学科有不同的能力的考核标准,不能统一而论。所以,就能力的考核而言,我们只能说某生在某项工作任务方面他的能力怎样,而不能把这种能力延展到其他方面的评价上。

二、能力与知识和技能的区别

人的能力有大小之分,人的知识有多少之分,人的技能有高低之分。知识和能力、技能的关系是怎样的呢?知识和技能是否等同于能力?对这个问题更好的区分对于教师、家长做好对孩子的教育工作和其他工作都有着极其重要的意义。

(一)能力不等于知识和技能

知识是指人们所掌握的人类改造自然和改造社会的历史经验。技能是指人们通过练习而获得的动作方式和动作系统。知识和技能表现了一个人已经达到的成就水平。能力是指顺利实现活动的心理条件,包括顺利掌握知识和技能的心理条件。它预示着人在活动中可能达到的成就水平。

所以说，能力和知识、技能是有着很大区别的。例如，晶晶比莹莹先学习英语两年，从知识和技能上来比，当前晶晶一定比莹莹具有较多的英语知识和口语技能。但是，我们不能说晶晶的英语学习能力一定高于莹莹。可能莹莹学习英语之后，她的知识和技能会很快超越晶晶，这证明莹莹具有更好的外语学习能力。

这样来看待能力与知识、技能的关系，教师和家长会在工作和培养孩子过程中有很多益处。

第一，我们不应该仅仅根据一个人知识的多少就简单地断定这个人能力的大小。

孩子的能力在一定条件下，可能已经表现出来，也可能没有充分表现出来，仅仅根据知识的多少来判定孩子能力的大小，往往会作出错误的判断。"我看你将来一定没啥出息"、"就你这个样子，将来就得捡垃圾了"等这样的话请再也不要在老师和家长的口中说出，因为这就是一个错误的判断。

第二，在教育工作中，教师和家长不仅要关心学生知识的掌握，更要关心他们能力的发展。事实上，很多教师和家长认为知识、技能等于能力，导致教师和家长只知道关心孩子知识的掌握而忽视能力发展的倾向。换句话说，教师和家长只知道关心孩子的分数，而忽视孩子的发展。

背诵唐诗、宋词如果仅仅是背诵和默写，而忽视让孩子体会和欣赏诗词中的美，发展让孩子具有欣赏美好事物的能力，那么这是教师和家长应该着重避免的情况。

第三，能力不等于知识和技能，所以我们有必要研究和了解能力的特殊评价方法，不能用对知识的评定来代替对能力的鉴定。

分数只能证明知识和技能，代替不了能力。能力的评价方法值得教育工作者重点研究。

(二)能力与知识和技能紧密相连

虽然能力不等于知识和技能，但是三者又有着密切的联系。

第一，能力是掌握知识和技能的前提。能力强的学生容易获得某些方面的知识与技能，他们付出的努力较小；能力弱的学生，可能要付出更多才能获得同样的知识与能力。背20个单词，能力强的学生可能需要30分钟，而能力弱的学生可能需要两个小时或者更多。

第二，能力表现在掌握知识和技能的过程中。如果离开了学生掌握知识、技能的活动，能力就缺乏了平台，无从表现也无从客观鉴定了。能力是抽象的，离开了具体的知识和技能活动，我们无法去对它进行鉴定。一个有能力的人，一定会获得表现的机会，是金子总会发光的。

第三，能力是在知识、技能的基础上发展的。能力作为顺利完成活动的心理条件，不能离开知识、技能的掌握。在掌握知识和技能的过程中，也就发展了自己的能力。知识和技能是能力形成的基本要素。

这样看来，教师对于学生的背诵或者练习的要求，也是在形成学生的某种能力，但不要仅停留在这个阶段，要让知识和技能转化为学生的能力。数学的习题练习是必要的，但不要让学生只是为做题而做题，要让学生在做题中学会分析和概括，提高学生的抽象概括能力。

第二节　能力的种类

一、一般能力和特殊能力

一般能力指在不同种类的活动中表现出来的能力，如观察力、记忆力、抽象概括能力、想象力、创造力等。其中抽象概括力是一般能力的核心。我们日常中提到的智力，指的就是一般能力。我们要完成任何一项活动，都和这些能力发展分不开。

特殊能力指在某种专业活动中表现出来的能力，它是顺利完成某种专业活动的心理条件。例如，画家的色彩鉴别力、形象记忆力、空间想象力，音乐家的音乐表现力、掌握音乐节奏的能力均属于特殊能力。

二、模仿能力和创造能力

模仿能力是指人们通过观察别人的行为、活动来学习各种知识，然后以相同的方式作出反应的能力。例如，学生在学习写字之初从字帖上模仿书法家的字就属于模仿能力。模仿是动物和人类的一种重要的学习能力。亚里士多德说过："人是最富于模仿性的动物。人是借助模仿来学习他最早的功课的。"

创造能力是指产生新的思想和新的产品的能力。一个具有创造力的人往往能超脱具体的直觉情境、思维定势、传统观念和习惯势力的束缚，在习以为常的事物和现象中发现新的联系和关系，提出新思想，产生新产品。发明家的发明、作家笔下的新的形象都属于创造力的具体体现。例如，能上天入地的孙悟空就是吴承恩创造力的体现。

三、认知能力、操作能力和社交能力

认知能力是指人脑加工、储存和提取信息的能力，也就是我们一般说的智力，包括观察力、记忆力、想象力等。人们认识客观世界，获得各种各样的知识，主要依赖于人的认知能力。

操作能力是指人们操纵自己的肢体以完成各种活动的能力。劳动能力、艺术表演能力、体育运动能力、实验操作能力等都属于操作能力。操作能力与认知能力不能截然分开，不通过认知能力积累一定的知识和经验，就不会有操作能力的形成和发展。反之，操作能力不发展，人的认知能力也不可能得到很好的发展。

社交能力是指人们在社会交往活动中所表现出来的能力，如交往沟通能力、组织管理能力、判断决策能力等。这种能力对于学生进入社会、加强人际交往有着非常重要的作用。

本书的内容按照能力种类的第三种分法作为本书的主体内容，也就是从学生的认知能力、操作能力和社交能力这三个方面，结合与学生密切相关的三个领域(学习、生活、社会)来阐述学生应该具备的能力，重点论述作为教师、家长怎样来培养学生这些能力。

第三节　能力发展的个别差异

一、能力有大小的差异

我们以认知能力也就是智力为例。智力发展水平的差异是指不同人的同种能力在量方面的差异。这方面的研究最早的是西方心理学家应用智力测验的方法，求出每个人的智力商数。心理学家经过大量测验研究，基本上得到一个共同的结论：智力的个别差异在一般人口中都呈常态分布，即中间大两端小。而且智力低的一端范围较大，即智力低下的人数比智力高的人数略多。这是因为人类智力除按正常的变异规律分布外，还有许多疾病可以损害人脑，导致智力低下。

按照智力发展水平的高低，可以把智力划分为三类，即超常、正常和低常。一般认为，智商在130以上表示超常，智商在70以下表示低常，而智商在100左右则表示正常。

智力超常儿童的主要特点：①观察事物细致、准确；②注意容易集中，记忆速度快、准确牢固；③思维灵活，有创造性，不易受具体情境的局限，等等。对于这种儿童应该提出严格要求，创造条件帮助他们顺利成长。

智力低下儿童的主要特点：①知觉速度慢、范围狭窄；②对词和直观材料的记忆都差，再现时歪曲和错误多；③语言发展迟缓、词汇量少、缺乏连贯性；④在认知活动中缺乏概括力，等等。对于这种儿童我们应该给予更多的关心和帮助，使他们获得发展智力的机会。

智力正常者的数量最多。对于智力正常、处于人口分布的绝大多数的人而言，在学习、工作和生活中起关键作用的就不再是智力因素，而是非智力因素。非智力因素是指人的智力因素之外的那些参与学生学习活动并产生影响的个性心理的因素，如兴趣、情感、意志和性格等。非智力因素也可以称作对心理过程有着起动、导向、维持与强化作用，又不属于智力因素的心理因素。所以非智力因素是一个内容十分广泛、复杂的概念，包含了除智力因素以外的所有的其他心理因素。

二、能力表现的早晚有差异

人的能力的充分发展各有不同，有早有晚。

据国外报道：当一年级老师遇到他们班级差不多都是6岁孩子的时候，他实际面对着一群能力各不相同的儿童，从他们实际能力差异方面说，实际上是从3岁到11岁。

有些人的能力表现较早，年轻时就显露出卓越的才华，这叫"人才早熟"。如王安石5岁能赋诗，奥地利作曲家莫扎特5岁开始作曲，8岁试做交响乐，11岁创作歌剧。在音乐、绘画等艺术领域，这种情况很常见。

有些人能力表现较晚，很老了才显露出他的能力，这叫"大器晚成"。达尔文年轻时被人认为智力低下，51岁发表《物种起源》，成为进化论创始人。唐宋八大家之一的苏洵，小时候不想念书，到了27岁的时候，才开始下决心努力学习，后来成了大学问家。这种情况在科学和政治舞台上也不鲜见。并不是取得重大成就的人，智力都是早熟的。

这样看来，学生在学习时，班级成绩有差别是非常正常的，班级里第一名和最后一名不能完全说明学生的能力水平有差异，也有可能是表现的早晚不同罢了。

三、能力的结构也有差异

能力有各种各样的成分，他们按照不同方式结合起来，构成了结构上的差异。例如，有的人善于想象，有的人善于记忆。不同能力的结合，也使人各自区分开来。在音乐能力方面，有的人具有高度发展的曲调感和听觉表象能力，而节奏感较差；另一个人有很好的听觉表象能力和强烈的节奏感，而曲调感较差，这使得他们具有不同的才能。在现实生活中，有的人唱歌跑调，有的人唱歌不跑调；虽然有的人不跑调，但是每次唱歌他都不在节奏上，而有的人虽然都在节奏上，但音准不对。

这就说明人在各种能力方面都有着千差万别的区别。

第四节　能力形成的原因与条件

一、遗传的作用

一切生物，无论植物或者动物，高等动物或低等动物，它们的后代和前代之间在形态结构和生理特征上，总要表现出某些相似的特征。这种把生物所具有的性状相对稳定地传给后代的现象就叫遗传。遗传是通过遗传物质的载体——细胞内的染色体来实现的。人体细胞的染色体共23对。在卵子受精时，23对染色体一半来自卵子，一半来自精子。遗传学上把染色体上的遗传因子叫基因。基因决定着性状的遗传。

我们认为，智力本身是不能遗传的。遗传对智力的影响主要表现在身体素质上，如感官的特征、四肢及运动器官的特征、脑的形态和结构特征等。我们都知道，身体素质是能力发展的自然前提，有没有这个前提，对能力的发展有重要的影响。例如，一个人手指头的长短是一种身体素质，是由前代人遗传给后代的。一个人的指头具有了某种适当的素质，对发展音乐和书法的才能是有影响的。感官的特性、神经系统的特性，对能力的发展也都有作用。但是，身体素质不等于能力本身。具有相同身体素质的人，可能发展多种不同的能力，而良好的素质由于没有受到良好的培养、训练，能力也可能得不到应有的发展。

可见，否定遗传的作用是不对的，也是不科学的。同样，夸大遗传的作用，那种认为能力可以直接通过生物学的方式遗传给后代的想法，也是不科学的。

二、环境和教育对能力形成的影响

(一)产前环境的影响

胎儿在出生之前生活在母体的环境中，这种环境对胎儿的发育以及出生后智力的发展，都有重要的影响。我国古代早有"胎教"的主张。现代科学的研究也证明，重视产前环境的影响有着重要意义。

研究表明，母亲怀孕年龄常常影响到儿童智力的正常发展。以唐氏综合症发病率为例，母亲年龄低于29岁的，其发病率只有1/3000，而母亲怀孕年龄在45—49岁之间的，其发病率为1/40。唐氏综合症儿童的脑袋小而圆，眼睛向外、向上斜，鼻梁翘，嘴巴小、嘴角向下，舌头突出在外，他们的智力大部分低下。唐氏综合症不是遗传病，而是母体内的卵子长期暴露在体内环境中，受到损害，而出现了额外染色体的结果。

产前环境的另一些影响是由母亲服药、患病等因素造成的。例如，怀孕期间服用巴比妥类药物，会致胎儿心脏先天性畸形、面及手发育迟缓、兔唇、腭裂；服用庆大霉素会导致胎儿耳损伤，甚至引起先天性胃血管畸形和多囊肾，等等。怀孕期间母体营养不良，不仅会严重影响胎儿脑细胞数量的增加，而且还会造成流产、死胎等现象。营养不良发生的时间越早，它对婴儿的影响也越严重。用动物做的实验还表明，缺乏维生素C、D，会影响胎儿生长的速度，引起肢体缺项和学习能力低下等现象。

(二)早期经验的作用

从出生到青少年时期，是个人生长发育的时期，也是能力发展的重要时期。据儿童身体发育的资料表明，人的神经系统在出生后的头四年内获得迅速发展，到12岁左右，已达到成人的水平，身体的发展特别是神经系统的发展，为能力的发展提供了物质的基础。

发展能力要重视早期环境的作用，这已为越来越多的事实所证明。

案例1-1 印度狼孩的故事

1920年10月，一位印度传教士辛格(Singh, J.A.L.)在印度加尔各答的丛林中发现两个狼哺育的女孩。大的女孩约8岁，小的1岁半左右。据推测，她们必是在半岁左右时被母狼带到洞里去的。辛格给她们起了名字，大的叫卡玛拉(Kamala)、小的叫阿玛拉(Amala)。当她们被领进孤儿院时，一切生活习惯都同野兽一样，不会用双脚站立，只能用四肢走路。她们害怕日光，在太阳下，眼睛只开一条窄缝，而且，不断地眨眼。她们习惯在黑夜里看东西。她们经常白天睡觉，一到晚上则活泼起来。每夜10点、1点和3点循例发出非人非兽的尖锐的怪声。她们完全不懂语言，也不发出人类的音节。她们两人经常动物似的蜷伏在一起，不愿与他人接近。她们不会用手拿东西，吃起东西来真的是狼吞虎咽，喝水也和狼一样用舌头舔。吃东西时，如果有人或有动物走近，便呜呜作声去吓唬人。在太阳下晒得热时，即张着嘴，伸出舌头来，像狗一样喘气。她们不肯洗澡，也不肯穿衣服，并随地便溺。

她们被领进孤儿院后，辛格夫妇异常爱护她们，耐心抚养和教育她们。总的说来，小的阿玛拉的发展比大的卡玛拉的发展快些。进了孤儿院两个月后，当她渴时，她开始会说"bhoo(水，孟加拉语)"，并且较早对别的孩子的活动表现兴趣。遗憾的是，阿玛拉进院不到一年，便死了。卡玛拉用了25个月才开始说第一个词"ma"，4年后一共只学会了6个字，7年后增加到45个字，并曾说出用3个字组成的句子。进院后16个多月卡玛拉才会用膝盖走路，2年8个月才会用两脚站起来，5年多才会用两脚走路，但快跑时又会用四肢爬行。卡玛拉一直活到17岁。但她直到死还没真正学会说话，智力只相当于三四岁的孩子。

人们发现，孩子落入动物环境的时间越早，智力发展所受到的损害就越严重。这种孩子即使回到人类社会，也难以发展到正常人的智力水平。如果孩子因为失去父母而进入孤儿院或者育婴院后，因其教育条件很差，往往失去与成人进行社会交际的机会，所以在这种环境中长大的儿童，智力一般要比在正常环境中长大的儿童差些。

心理实验表明，丰富的环境刺激有利于儿童能力的发展。婴儿出生后，如果睡在有花纹的床单上，床上吊着会转动的彩色音乐玩具，他们仰卧时，就能自由观察这一切，那么，两个星期后，他们就试着用手抓东西。而没有提供刺激的婴儿，这种动作能力要五个月时才出现。

研究发现，缺乏母爱抚爱的婴儿，可能出现智力发展上的问题。情感满足的孩子往往更有安全感，有安全感的孩子喜欢探索环境，而探索环境正是能力发展的重要条件。

(三)学校教育的作用

学校教育是对年轻一代施加有目的、有计划、有组织的影响。学生通过系统地接受教育，不仅要掌握知识和技能，而且要发展能力和其他心理品质。

能力不同于知识、技能，但又与知识、技能有密切关系。对儿童来说，发展能力是与系统学习和掌握知识技能分不开的。在学校中，课堂教学的正确组织有利于学生能力的发展。有些优秀教师要求学生回答问题必须准确、严密、迅速，作业必须一丝不苟。经过长期训练，学生的思维和言语能力都有明显的提高。

"强师手下出高徒"，说明了教育、训练对发展能力的意义。开辟第二课堂，吸引学生参加的科技小组、运动小组、绘画小组等都丰富了校内外生活内容，也有利于学生能力的发展。

三、实践活动的影响

人的各种能力是在社会实践活动中最终形成起来的。由于实践的性质不同，实践的广度与深度不同，就形成了各种不同的能力。长期从事学校管理工作的人，组织领导能力能得到发展，他们善于觉察教师的情绪和思想动向，善于处理教师中的各种人际关系，善于在纷繁复杂的情况下作出正确的决策。长期工作在高炉前的炼钢工人，发展了根据火焰颜色判断炉壁温度的能力，他们能从火焰颜色的变换，正确判断炉壁温度的变化。整天和漆油打交道的油漆工人，辨别漆色的能力能得到高度发展，他们可能分辨的颜色多达400~500种。

前面的案例说明，长年累月地参加某种社会实践，相应的能力就能得到高度的发展。鼓励学生多参与社会实践是非常有必要的。

四、能力的发展和人的主观能动性

能力的提高离不开人的主观努力，离不开人的自觉能动性。一个人刻苦努力，积极向上，具有广泛的兴趣和强烈的求知欲望，他的能力就可能得到发展。相反，一个人每日无所用心、不求进取，对周围的事物都抱着消极的态度，那么他的能力就不可能得到较好的发展。因此，人的能力的发展除了受遗传、环境、实践活动的影响外，还与其他心理品质的发展分不开。例如，动机、兴趣、情感、意志和性格等。高尔基说过："才能不是别的什么东西，而是对事业的热爱。"当人们热爱自己的工作，对工作热情洋溢时，会给能力的发展带来巨大的动力。坚强的意志对能力发展也具有重要意义。很多人的成功往往不是因为他们具有高于别人的天分，而是由于他们有坚强的意志品质，由于他们具有明确的目的性、果断性、自制力、独立性和顽强性。俄罗斯化学家门捷列夫说过："没有加倍的勤奋，就既没有才能，也没有天才。"我国作家鲁迅说过："哪里有天才，我是把别人喝咖啡的工夫都用在工作上的。"

除了培养学生智力因素外，培养学生的非智力因素，如动机、兴趣、情感、意志和性格等也非常重要。在教学过程中，运用适当、合理的方法培养学生强烈的学习动机、浓厚的学习兴趣、坚强的意志品质等，都会对能力的发展有着积极的影响作用。

　　还应指出，能力的发展还依赖于自我分析和自我评价的能力。一个善于进行自我评价的人，才能及时发现自己在能力方面的优点与弱点，通过自己的努力提高自己的能力，使能力朝向确定的目标发展。

第二章　学生良好的学习能力及培养

第一节　学生学习最大的动力——兴趣的培养

兴趣是人们探究某种事物或者从事某种活动的心理倾向，它以认识或探索外物的需要作基础，是推动人们认识事物、探求真理的重要动机。

无数教育经验告诉我们，最好的学习动力莫过于学习者对所学知识具有浓厚的兴趣。我国教育家孔子曰："知之者不如好之者，好之者不如乐之者。"科学家爱因斯坦曾说过："兴趣是最好的老师。"教育家苏霍姆林斯基也说过："兴趣是学习的动力。"

古今中外历史中，从小的兴趣开始，最终发展成才的例子，真的举不胜举。当很多人包括教师和家长都认为"学海无涯苦作舟"是学习的必经之路时，他们可能从没有意识到当学习成为学生真正感觉是具有趣味性的事情时，它就会变得轻松而快乐，就不会有那么多痛苦的感受了。

我国古代著名的天文学家张衡，他早在东汉时期就发明了地动仪，这一发明成果早于西方一千多年，是世界之最。然而他成为天文学家的最初，也是从对天文的浓厚的兴趣开始的。当他还非常小的时候，就特别喜欢观测天象，这其中最有名的，莫过于他数星星的故事了。每当夜幕降临，我们的小天文学家就昂起头，一颗一颗地数星星，奶奶笑着对他说："傻孩子，天上的星星那么多，眼睛都看花了，你怎么数得清。"可是，张衡依然如故，每天晚上坚持数星星。为了弄清楚某些星星在一夜之中的变化情况，他甚至一夜要起来几次，进行认真的观测。终于，张衡凭着他数星星的这种对于天文的最初的兴趣和爱好的推动，去学习各种有关天文方面的书籍，不断地积累知识，成为了我国古代著名的天文学家。

美国的发明大王爱迪生，从小就对什么都有特殊的兴趣，凡事都要问个为什么。老师因为总是要在课堂上回答他提出的各种各样的稀奇古怪的问题，认为他的脑子有问题，让他妈妈把他领回家。但是他妈妈并未因此而烦恼，而是积极地疏导孩子，并买来各种各样的书让他阅读。爱迪生还用自己种菜赚来的钱，办起了自己的小实验室，对自己感兴趣的问题进行试验。就这样，爱迪生凭着对于这个世界的强烈的好奇，不懈地追求和广泛地学习研究，终于一步一步地开始了他的发明历程。他发明的东西越来越多，被人们誉为"发明大王"。我们今天用的许多东西都是爱迪生的杰作，如电灯泡。

古今中外，许多名人的成长经历都向我们说明：兴趣在一个人的成长道路上起着非常关键的作用。要让学生带着快乐的情绪进入学习的广阔天地，兴趣起着关键性作用。教师和家长能够认识到兴趣的重要作用，能够把培养学生兴趣作为对他们进行教育的牢固基础，教育就会取得好的效果。

我们的教学就要从兴趣开始。

案例2-1　兴趣引导教学[1]

美国优秀教师塔米·琼斯来自伊利诺伊州，2004年她获得迪斯尼美国教师奖，2005年她又获得富布莱特基金优秀教师奖。在她的教学中，她允许和鼓励学生冒险、弄得乱糟糟和咯咯傻笑，让他们尽情享受学习中的乐趣，为他们营造一种促进发展、勇于创新、充满关爱和宽容的集体氛围。

---

[1]　周成平. 外国优秀教师是如何教学的 [M]. 南京：南京大学出版社，2009：168-170.

教师能够认识到兴趣的重要性，能够用兴趣来引导学生进行学习和探究，那么各个学科、各个年级的教师都可以在自己的教学舞台上发挥自己的"导演"才能，把我们的学生引向五彩斑斓的知识天空中，自由翱翔。

一、新颖的课堂导入，引发学生学习兴趣

"好的开始，是成功的一半。"如何引发学生兴趣，课堂学习的导入相当关键。学生本身都有好奇和积极的特性，如果教师能够在导入环节上做足功课，针对学生身心发展的特点，从课程一开始就把他们的"胃口"吊得高高的，把学生的头脑和眼睛牢牢地吸引住，那么学生的思想怎么会偏离教师的讲授内容呢？

案例2-2 《死海不死》的课堂导入

有位教师讲语文《死海不死》一课，课前教师准备了盛满水的大烧杯、玻璃棒、塑料勺、食盐、鸡蛋等进入课堂，这引起了学生不小的骚动。一上课，教师先提问，如果老师把这个鸡蛋放入水中会出现怎样的情景？大家纷纷说出自己的结果。教师在同学们的热切关注下把鸡蛋放入水中，结果鸡蛋沉入杯底。这时教师提问："谁有办法让鸡蛋浮起来？"学生争着想办法做实验。在多种实验后，终于有同学把食盐全部放入杯中，使鸡蛋浮了起来。然后教师要求学生解释产生这一现象的原因，很自然导入对课文的学习。在语文课上几乎看不到实验，但这位教师用实验来导入语文课程，不仅使学生感到新奇，产生极大的兴趣，同时还可以交给他们学会联系其他学科的相关知识进行综合的思考，将知识融会贯通，加深对课文内容的理解。

案例2-3 《圆的认识》的课堂导入

数学教学中，教授"圆的认识"时，教师先讲了个游戏。在投影上出现了游戏情节，说小猴子、小兔子和小狗给菜市场送菜，送菜车有三种，分别是圆形轮子车、正方形轮子车和椭圆形轮子车，他们选好车后一起把菜送到500米处的市场里面，

问哪个小动物会最先到，为什么？教师话音刚落，同学们的小手都高高举起，争先恐后地要回答。教师的游戏设计环境一下子让学生进入到了与教学内容相关的情境中，让学生对图形，尤其是"圆"有了更深刻的了解和浓厚的学习兴趣。教师如果在课堂的导入上发挥自己的聪明才智，那么良好的课堂导入就会起到事半功倍的作用。

二、亲身参与课堂教学，激发学生参与兴趣

在课堂教学中，让学生亲身参与，发挥学生的手脑操作能力，非常有利于激发学生的兴趣。小学低年级儿童思维方式是具体形象思维，如果在教学过程中，教师能够让学生自己动手摸摸、看看、试试、量量、想想，让学生眼睛、耳朵、小手、大脑都能够参与到学习活动中来，那么这会让学生对学习产生强烈的探究欲望，增加学生的直接学习经验。

案例2-4　亲身参与，增加学生的直接经验

小学二年级(下)数学教学中，学习"余数的除法"时，如果教师只是在黑板演示或者用多媒体课件演示，学生不能够有余数的直接学习经验。如果教师利用学生感兴趣的实物来演示，则会让学生获得余数的直观感受。教师可以把学生分成小组，每组发5个纸杯和12个小笑脸，请小组中每个同学对12个笑脸进行平均分，放在纸杯里，看看是否能平均分？是否有剩余？通过学生亲自动手，使学生明白什么是"余数"，进而理解了"余数除法"的含义。对于"余数"教师还可以请同学们用提建议的方式，讨论一下"余数"怎样处理更合理？有的学生建议送给生病没来上学的同学，有的学生建议老师留着作为给进步学生的奖励，有的学生建议送给孤儿院的小朋友，让学生们在学习"余数的除法"的同时，还能够体会到关爱需要帮助的人是令人快乐的事情，培养了学生们的爱心。

语文教学可以通过角色扮演的方式使学生亲身参与到教学内容中来，激发学生想参与其中的愿望。所谓角色扮演法，就是学生通过不同角色的扮演，体验自身角色的内涵的活动，又体验对方角色的心理，从而充分展示出社会中各种角色的"为"和"位"，从而达到培养学生社会能力和交际能力的目的。

例如高中二年级语文第二学期"戏剧单元"教学，就可以采用角色扮演法。这个单元有曹禺的《雷雨》、郭沫若的《屈原》、关汉卿的《窦娥冤》、老舍的《茶馆》四篇课文。角色扮演教学过程分三步进行。

第一步：解读课文。教师要求学生通读本单元的四篇戏剧课文，对作品进行细致的了解，通过投票选出一篇学生最感兴趣的课文，然后学生对本篇课文进行细致解读，了解课文的内容、出现的人物、有哪些矛盾冲突等。教师提示学生可以利用网络和其他资料补充相关材料，在解读课文过程中，同学间要交流解读课文的感受。

第二步：表演课文。通过同学们投票的方式选出担任课文中表演的角色和其他角色，例如，导演、道具、美工、场记等。学生利用课余时间进行排练，然后在全班进行表演。通过学生的表演，让学生尽情感受课文中人物的内心世界，同时对课文有了深刻的理解。

第三步：新创课文。学生表演后，可以让学生进行讨论，对课文中的内容做进一步分析。如果学生提出对课文中的内容或人物进行修改，可以请学生进行改编或者自编剧本，挑战本单元的作家，引导他们进入戏剧创作的领域，给学生的内心埋下戏剧的种子。

三、联系学生生活，增加学习兴趣

案例2-5　生活课中土豆皮的作用

生活课中教师设计一个开放式主题"研究土豆皮的作用"。让学生们回到家中选择两个土豆，测得其中一个土豆的重量假如是100克，再选择另一个稍大的土豆，使得这个土豆削掉土豆皮后也是100克。用结实的细线把这两个土豆悬挂起来，悬置通风处。每天放学后让学生对这两个土豆进行观察，取下分别称重，并进行详细记录。通过这个主题活动，使得学生能够掌握初步的科学研究方式和方法，学会了观察、记录、动手操作（称重）和总结。学生会发现随着时间的推移，去皮土豆会越来越干瘪，色泽会变得暗黑，黑斑点会出现，并且越来越多。通过记录，学生会发现去皮土豆重量越来越少，带皮土豆则没什么变化。这说明去皮土豆失去了水分。最终学生得出结论：土豆皮有保持水分不被蒸发、防止土豆过快腐烂的作用。

这个主题设计和学生生活密切相关。首先，主题选择的材料每个家庭都有，很常见，便于学生进行研究。第二，主题设计内容与日常生活有紧密联系，通过观察和称重，学生懂得了土豆皮的作用，进而使学生思考各种蔬菜和水果的表皮的作用。第三，主题得出的结论有可能对学生的日常生活产生很大兴趣，研究如何使土豆或者其他蔬菜、水果保持水分的时间延长。

四、巧设奇妙疑问，诱发学生探究兴趣

人教版三年级语文（下）《惊弓之鸟》是一则成语故事，讲的是古时候魏国一位有名射手更赢不用搭箭，只需拉弓，便能使天边飞过的一只大雁掉下来，从中反映出更赢善于观察、善于思考，并能根据所见所闻做出正确分析。

案例2-6 《惊弓之鸟》巧设疑问

教师如何能够把一则成语设计得令学生产生探究的欲望呢？首先，教师问学生，如果一只大雁在天上飞，如何使它掉下来？学生回答，可以用枪来打啊，现在不都是用枪来打鸟么？教师接着询问，在古代没有枪如何来打鸟呢？学生说可以用箭来射时，学生已经进入教师精心营造的设疑布局。其次，教师问学生，如果我说有个人不用箭，拉一下弓就可以射下天上的大雁，你们相信么？教师的这次询

问，打破了学生原有的心理平衡，让学生第一次产生探究的兴趣。当他们读课文中"更赢并不取箭，他左手拿弓，右手拉弦，只听得嘣的一声响，那只大雁只往上飞，拍了两下翅膀，忽然从半空里直掉下来"，学生探究的欲望更强烈了，想不明白为什么更赢会有这样的功夫？第三，教师看到第一次"设局"成功，让学生通过读书、讨论得知，原来那是一只受过箭伤的大雁。此时，学生的心理失衡已经得到满足，再次处于平衡状态。第四，教师再次质疑：大雁在天上，更赢怎么知道这是只受过箭伤的大雁呢？此番设问，使学生心理再度失衡，怀着浓厚的兴趣在文中寻找答案，得知更赢通过大雁叫声和飞行速度而判断出来这是只受过箭伤的大雁。此时，学生的心理得到极大的满足，教师的两次设疑均获得成功。教师就是通过设置层层疑问，不断使学生心理处于失衡状态，使学生一直怀有浓厚的兴趣探究问题的答案，进而达到心理平衡，最终使学生理解了"鼷武之众异动，惊弓之鸟难安"的深刻成语故事内涵，最终完成教学目的。

《灰姑娘》的故事非常经典，也深得中外小学生的喜欢。教师如何把这个古老故事讲出新意，如何通过设问来让学生进行新颖思考，国外的教师给我们以启发。

案例2-7　外国教师眼中的《灰姑娘》[1]

老师：你们喜欢故事里面的哪一个？不喜欢哪一个？为什么？

学生：喜欢辛黛瑞拉（灰姑娘），还有王子，不喜欢她的后妈和后妈带来的姐姐。辛黛瑞拉善良、可爱、漂亮。后妈和姐姐对辛黛瑞拉不好。

老师：如果在午夜12点的时候，辛黛瑞拉没有来得及跳上她的南瓜马车，你们想一想，可能会出现什么情况？

学生：辛黛瑞拉会变成原来脏脏的样子，穿着破旧的衣服。哎呀，那就惨啦。

老师：所以，你们一定要做一个守时的人，不然就可能给自己带来麻烦。另外，

---

[1]　周成平．外国优秀教师是如何教学的[M]．南京：南京大学出版社，2009：215-217.

你们看，你们每个人平时都打扮得漂漂亮亮的，千万不要突然邋里邋遢地出现在别人面前，不然你们的朋友要吓着了。女孩子们，你们更要注意，将来你们长大和男孩子约会，要是你不注意，被你的男朋友看到你很难看的样子，他们可能就吓昏了（老师做昏倒状，全班大笑）。

好，下一个问题：如果你是辛黛瑞拉的后妈，你会不会阻止辛黛瑞拉去参加王子的舞会？你们一定要诚实哟！

学生：（过了一会儿，有孩子举手回答）是的，如果我是辛黛瑞拉的后妈，我也会阻止她去参加王子的舞会。

老师：为什么？

学生：因为我爱自己的女儿，我希望自己的女儿当上王后。

老师：是的，所以我们看到的后妈好像都是不好的人，但是她们只是对别人不够好，可是她们对自己的孩子却很好，你们明白了吗？她们不是坏人，只是她们还不能够像爱自己的孩子一样去爱其他的孩子。

孩子们，下一个问题：辛黛瑞拉的后妈不让她去参加王子的舞会，甚至把门锁起来，她为什么能够去，而且成为舞会上最美丽的姑娘呢？

学生：因为有仙女帮助她，给她漂亮的衣服，还把南瓜变成马车，把狗和老鼠变成仆人。

老师：对，你们说得很好！想一想，如果辛黛瑞拉没有得到仙女的帮助，她是不可能去参加舞会的，是不是？

学生：是的！

老师：如果狗、老鼠都不愿意帮助她，她可能在最后的时刻成功地跑回家吗？

学生：不会，那样她就可以成功地吓到王子了。（全班再次大笑）

老师：虽然辛黛瑞拉有仙女帮助她，但是，光有仙女的帮助还不够。所以，孩子们，无论走到哪里，我们都是需要朋友的。我们的朋友不一定是仙女，但是，我们需要他们，我也希望你们有很多很多的朋友。

下面，请你们想一想，如果辛黛瑞拉因为后妈不愿意她参加舞会就放弃了机会，她可能成为王子的新娘吗？

学生：不会！那样的话，她就不会到舞会上，不会被王子遇到，不会认识和爱上她了。

老师：对极了！如果辛黛瑞拉不想参加舞会，就是她的后妈没有阻止，甚至支持她去，也是没有用的，是谁决定她要去参加王子的舞会？

学生：她自己。

老师：所以，孩子们，就是辛黛瑞拉没有妈妈爱她，她的后妈不爱她，这也不能够让她不爱自己。就是因为她爱自己，她才可能去寻找自己希望得到的东西。如果你们当中有人觉得没有人爱，或者像辛黛瑞拉一样有一个不爱她的后妈，你们要怎么样？

学生：要爱自己！

老师：对，没有一个人可以阻止你爱自己，如果你觉得别人不够爱你，你要加倍地爱自己；如果别人没有给你机会，你应该加倍地给自己机会；如果你们真的爱自己，就会为自己找到自己需要的东西，没有人可以阻止辛黛瑞拉参加王子的舞会，没有人可以阻止辛黛瑞拉当上王后，除了她自己。对不对？

学生：是的！

老师：最后一个问题，这个故事有什么不合理的地方？

学生：(过了好一会)午夜12点以后所有的东西都要变回原样，可是，辛黛瑞拉的水晶鞋没有变回去。

老师：天哪，你们太棒了！你们看，就是伟大的作家也有出错的时候，所以，出错不是什么可怕的事情。我担保，如果你们当中谁将来要当作家，一定比这个作家更棒！你们相信吗？

（孩子们欢呼雀跃）

第二节 学生基本学习能力——注意力、观察力的培养

注意是我们熟悉的心理现象。注意是指人的心理活动对外界一定事物的指向和集中。一个人在学习和工作时，他们的心理活动或者意识总会指向和集中在某一对象上。注意力是指人的心理活动指向和集中于某种事物的能力。俄罗斯教育家乌申斯基曾精辟地指出："'注意'是我们心灵的唯一门户，意识中的一切，必然都要经过它才能进来。"

一个人在电影院里面看电影，他的心理活动或意识选择了电影中演员的角色、台词、服装，而对于坐在他周围的人却不会很留意，这就是注意力指向了电影，而远离了其他事物。医生在做复杂的心脏手术时，他的注意力高度集中在病人的病患部位和自己的手术上，与手术无关的事物便在他的意识之外。同样，学生在看课外书时或者写作业时，他的注意力集中在书、本上，其他人包括教师或者父母的其他指令则在他们的意识之外，这就是为什么很多时候教师或者家长需要对学生的要求反复重申的原因。

不仅如此，注意力是人们认识世界获得知识及运用经验适应环境和改造世界过程中必不可少的心理特征。古今中外一些杰出人士的成功案例也印证了注意力在一个人获得成功过程中的重要作用。王羲之写字入迷，竟把墨汁当蒜泥，用馒头蘸着吃；牛顿做实验时，把手表当鸡蛋煮；居里夫人课间演算习题时，身旁被恶作剧的同学堆满了凳子，竟丝毫没有察觉；爱因斯坦在思考问题时，竟把和他一起乘车的小女儿忘记了……

人类对注意力作用的关注由来已久。意大利儿童教育家蒙台梭利曾经说过："给人类带来进步的伟大发现，与其说由于科学家们的教养或者他们的知识，毋宁说是由于完全聚精会神的能力，由于他们的智慧能够埋头于他们感到兴趣的工作。"这都强调了注意力这一人类共同的心理现象在科学研究和日常工作学习中的重要作用。

一、学生注意力的培养

注意是学生应该具备的宝贵品质。注意力是学生学习和生活的基本能力，注意力的好与坏直接影响学生的认知和社会性情感等身心各方面的发展及其学业成绩的高低。有些学生的注意力很难集中，安稳地坐在一个地方10分钟对他们来说是很难达到的事情。这种坐不住的坏习惯，导致这部分学生上课精力不能集中。注意力不好的缺点会极大地妨碍学生获取知识。

也可以这样说，注意力的集中与否是影响一个人在学业上、工作中甚至事业上能否取得成功的关键。注意力品质是如此重要，所以，老师一定要加强对学生注意力品质的培养。

中小学生一入学，正是培养良好学习习惯和学习品质的最佳时机。专注力应该在学生低年级的时候就注意培养和激发。具体说，在要求学生做某事时，一定要求他在规定的时间内完成并帮助他排除外界对他的干扰。另外，注意培养学生"打破砂锅问到底"的精神，目的是让学生对感兴趣的问题进行深入思考。除此之外，老师还要注意让学生在广泛兴趣的基础上，选择他最喜欢的问题深入探究下去。这些都是教师和家长在培养学生注意力时应该努力做到的。

教师应当根据学生的身心发展规律与特点，为他们创造良好的教育环境，有意识地帮助学生养成良好的注意品质与能力。

（一）运用新颖创新的教学方法，吸引学生的注意力

如果教师长时间运用同一种教学方式进行单调的教学，则会引起学生大脑皮

质的疲劳，使神经活动的兴奋性降低，难以维持长时间的有意注意。如果教师让学生在学习活动中交替使用不同的感觉器官和运动器官，不仅可以使学生减少疲劳，更能激发起学生注意。一般来讲，学习时要做到"五到"，学习心理学有这样的调查，发现只听效率为13%，只看效率为18%，只动口效率为32%，如果耳、眼、口并用，效率为52%，如果加上双手不断自然地做动作(口中还要说或喊叫学到的知识，并内心里相信自己理解和掌握了知识)效率可高达72%，而且不会感到累。

案例2-8 小学英语"小猪的生日宴会"教学片段[1]

师：Today I am going to tell you a story about Old Macdonald's farm and you are going to be the anima ls on the farm.(拿出一张农场的图片)This is Old Macdonald's farm.What's on the farm?(拿出一张猫的图片)Oh,There's a cat.What does a cat say?It says"Meow,Meow".What's on the farm?(拿出一张狗的图片)Oh,there's a dog.What does a dog say?It says"Woof!Woof!".

用同样的方法介绍 duck,cow,turkey,pig,sheep 以及它们的叫声"quack,moo,gobble,oink,baa"。

教师将画有小动物的卡片分发给每一个同学，请学生们依次学习动物图片反面的单词以及各种动物不同的叫声，并让他们分别扮演图片上的小动物。教师向学生介绍在不同语言中动物的叫声表达也不同。在英语中,cat(meow),dog(woof),duck(quack),cow(moo),turkey(gobble),pig(oink),sheep(baa)；在汉语中猫(喵喵)、狗(汪汪)、鸭子(呱呱)、牛(哞哞)、鸡(咯咯)、猪(哼哼)、羊(咩咩)。教师让学生模仿各自扮演的动物的叫声，教师用一个音量示意牌来控制声音大小，用off牌子结束叫声。此时，教师已经调动学生的眼睛来看图片，耳朵来听动物的叫声，口来模仿动物的叫声。这时，教师设计了一个故事情节，就是小猪要过生日了，请小动物们来参加。每个小动物

---

[1] 王咏梅．一堂英语活动课教学设计[J].小学教学设计，2003（07、08）：80~88.

的扮演者要手里拿着卡片,介绍自己:I am cat.I say"meow",还要模仿动物走路的样子,然后方可进入party.当所有小动物都进入后,大家一起唱"Happy birthday"祝小猪生日快乐。

小猪为大家准备了很多好吃的食物。它说:"Help yourselves.There's fish."教师告诉学生,如果你扮演的小动物喜欢吃这种食物,就大声说"Yum!Yum!"如果不喜欢,就说"Yuk!Yuk!"小猪出示了很多食物的图片,教室里面充满了"Yum!Yum!"和"Yuk!Yuk!"的快乐叫声。教师扮演老麦克唐纳上场了,故意加重脚步。小猪听到脚步声,立即说:"Quick!Go back to your cages!"小动物们都快速回到座位上假装睡觉了。

小猪假装趴在桌上呼呼大睡起来。

此时,教师设计的环节中,学生的感官全部被调动起来,一堂课下来,学生不但没有感觉疲惫,反而兴致很高。

所以,教师要灵活运用教学方法,可以起到事半功倍的作用。

除此之外,教师在培养学生注意力时还应该注意以下几点:

1.创造简单空间与心灵的宁静是培养学生注意力的基础

这个方法非常简单,当学生在教室内上课学习时,要将书桌上与教师此时讲授内容无关的其他书籍、物品尽量全部清走。在学生的视野中,只有学生现在要学习和使用的东西。这种空间上的处理,是提高学生注意力集中的一个必要手段。年级越低的学生,越需要这样要求。

在家里也是同样。家长要保证孩子在学习的时候,周围能够保持除了他(她)学习必备的物品外,别无其他新鲜、刺激之物。例如,电视声音、客人的拜访、电脑游戏的声音等。

所以,作为提高学生注意力的最初阶段,首先要做的事情就是,学生在做一件事情之前，一定要尽量清除书桌上、讲台上、教室内无关的东西，然后使学生迅速进入主题。

有时候学生学习空间可能很安静，但是有些学生仍然不能集中注意力，原因就在于空间安静了，但内心却并不宁静。其实，内心的宁静远比空间的安静更重要。教师和家长要给学生以正确引导，不要让其他事物来分散学生心灵的宁静。例如，过分关注漂亮的服饰、强烈的竞争意识等。假如一个女生过分关注自己每天的服饰，她怎么会把注意力放在学习方面。这需要教师和家长正确的引导和良好的家庭教育发挥作用。

2.积极评价学生的假设结果，给学生一定的目标引导

波利亚有一段精彩的论述："我想谈一个小小的建议，可否让学生在做题之前猜想该题的结果或部分结果，一个孩子一旦表示出某种猜想，他就把自己与该题连在一起，他会急切地想知道他的猜想是否正确。于是，他便主动地关心这道题，关心课堂的进展，他就不会打盹或搞小动作。"

假设是以一定的科学事实和科学理论为依据，并非胡猜乱说。从心理学角度看，假设是一项思维活动，是学生有方向的猜测与判断，包含了理性的思考和直觉的推断；从学生的学习过程来看，假设是学生有效学习的良好准备，它包含了学生从事新的学习或实践的知识准备、积极动机和良好情感。

教师在教学中对学生的假设结果应该持积极、肯定的态度，同时，给他们一些目标指引，使学生在论证自己的假设结果时，保持浓厚的兴趣和高度的注意力。

3.寻找突破口，引爆学生的兴趣点

教师都会意识到，学生理解的事物、有兴趣的事物，当学生去探究它、观察它时，就比较容易集中注意力。比如说学生喜欢地理，地理课就比较容易集中注意力，因为学生比较有兴趣，又能理解。反之，因为学生不太喜欢地理，缺乏兴趣，对教师讲

的课又缺乏足够的理解，就有可能注意力分散。

所以，如果学生对这些内容还缺乏兴趣，而又有必要去学习它时，教师就要在教学内容上花些心思，努力寻找学生的兴趣点，从这个点作为突破口，进而引发对学习内容的全面兴趣。例如，学生对于地理不太感兴趣，如果教师单纯讲授地理知识，很可能不会引起学生的兴趣，注意力也不会集中。可是教师通过了解发现，学生们都非常喜欢阅读《八十天环游地球》，那教师就可以把《八十天环游地球》作为使学生能够喜欢地理知识的突破点，最后完成对学生热爱地理、热爱科学热情的激发。

4.根特的集中注意力训练法

根特先生是德国著名的哲学家，根特在读书时经常使用一种精神集中法。其做法是，当他读书前或者在书房里深思冥想问题时，他必定是透过窗户凝视着远方屋顶上的一个随风摆动的风向标箭头，他一边眼盯着风向的转动，一边下意识地沉浸于深深的思考之中。这种做法所以会产生如此好的效果，也还是有其道理的。当人的双眼长时间地凝视在一点时，视野就会变得狭窄，那些容易吸引你并导致注意力分散的事物也就会进入眼帘，因此人的意识范围也随着变窄，从而使人达到注意力集中的心理境界。

在课堂教学中当我们遇到需要学生思考的问题时，希望学生也能像根特那样，坐在书桌前，习惯地把面前某一件东西作为注意的靶子，例如屋外的天线、树枝、电线杆或书桌上的台灯开关、铅笔、自己的手指等，然后用双眼凝视着它，从而提高学生的注意力。

还有些训练学生注意力的小游戏可以借鉴。

教师可以在一张有25个小方格的表中，将1—25的数字顺序打乱，写在表格中（见下表），然后让学生以最快的速度从1数到25，要边读边用手指出，同时计时。研究表明：小学低年级学生按顺序指出图表上数字的时间是30秒—50秒，平均40秒—

42秒。通过训练这个时间是可以缩短的。教师可以多制作几张这样的训练表格，每天对学生进行训练，相信学生的注意力水平定会逐步提高。

表2-1　学生注意力训练表格

21	12	7	1	20
6	15	17	3	18
19	2	8	25	13
24	14	22	10	5
9	4	11	23	16

还可以把数字增加到1—100，依次找出并圈上，每次要记录时间，也可以和家长比赛，增加学生的兴趣。

教师还可以准备10组电话号码，让学生听写，每组数据只能念1遍，但速度稍慢，看看学生谁写的号码准确的多，这样的训练亦可以提高学生的注意力。

(二)优化课堂教学结构，把握学生的注意力

在认识事物过程中，学生感兴趣的东西往往不是完全熟知的内容，也不是完全不熟知的内容。因此，教师的讲授必须在学生已有的知识基础上循序渐进、逐步深入，把新内容和已有的知识联系起来，这样才容易引起学生的注意。

1.充分利用中小学生的心理特点

好奇、好动、好胜是中小学生典型心理特点。好奇作为学生思维的先导，是中小学生思维上的一个重要特点。培养好奇心，能使学生善于发现问题、提出问题，并激发求知欲和学习兴趣。中小学生获得新知识常要借助具体的实际经验作为支柱，好动是学生积极思维的一种表现，设计探索性实验，可以激发学生的好动心理，从而提高他们的观察力和实验素养。好胜是中小学生极为宝贵的一个心理特点，使他们形成平等竞争的品格。适应中小学生"好奇、好动、好胜"的心理特点的教学能极大地激起学生学习的内因与动因，有效地提高课堂教学中学生的注意力。

2.创造良好的课堂气氛

心理学表明，良好的情境能使人产生愉悦的情绪，提高大脑的效率；不良的情

境会使人的注意力难以集中,从而干扰认知过程,降低智力活动水平。课堂上教师要创造良好的课堂气氛,让学生保持专注、轻松、愉悦、乐学的情绪。科学研究表明,上课时怀着迫切的学习愿望、虚心的学习态度、愉快的学习情绪,就容易收到较好的学习效果。反之,如果学生有厌学、畏难心理,缺乏主动积极的学习态度,学习效果必定差。

3.善用赏识和表扬课堂教学艺术

德国教育家第斯多惠说:"教学的艺术不在于传授知识和本领,而在于激励、唤醒和鼓舞。"

在课堂上,定位每一个同学都是"好学生",在学习上都有进步的空间,他们都能进步以及不一味地只表扬"聪明"学生。著名的特级教师王兰说:"不是聪明的孩子常受表扬,而是表扬会使孩子更聪明。"美国心理学家詹姆斯说:"人最本质的需要是渴望被肯定。"

4.与学生的生活紧密相连

以物理课程为例,长久以来,它给人们的印象就是"难",教师觉得难教,学生感到难学。畏难情绪严重影响了师生情绪,使原本应该十分生动的教学过程,变得枯燥乏味。如果究其原因,就会发现教师把教材中与生活密切相关的内容,硬性地割裂开来,使物理教学过程失去了生活气息,从而人为扩大了物理科学与生活及学生之间的距离。如果在物理教学中,教师能巧妙地运用学生在生活中的感知,使学生感到物理就在自己身边,诱导学生在充满生活气息的教学过程中愉快地学习物理,那么提高学生在课堂上的注意力不是难事。

沃尔特·略文是美国麻省理工学院的教授,每年教授600名学生的3门物理基础入门课程,受到学生的好评和追捧。这个七旬的小老头,总是在课堂中展示着物理的巨大魅力,让所有学生都对物理痴迷。一次,他骑着一辆三轮子冲上了讲台。

这辆三轮车是以灭火器为驱动，这是为了演示火箭如何起飞。"火箭"起飞的威力确实够大，巨大的推动力差点让略文骑着这个三轮车冲出教室，好在他及时停下来了，他高声大喊："看，物理起作用了！"略文上的每一节课都在他的掌控和导演之中，有时候就是一出戏剧，有序幕、有高潮、有结局。"我可以让学生笑，也可以让学生哭；我可以让他们坐立不安，也可以让他们屏住呼吸。"他为能让学生感受到物理之美感到得意。如果我们的教师，能在准备课程时多花费些心思，把讲授的内容与学生的生活紧密联系，那么，我们的授课也能如略文教授那样，使学生心随教师而动。

(三)强调课堂纪律性，利用教育机智赢回学生的注意力

注意力是服从一定活动任务的。学生对活动的意义和结果理解得越深刻，责任心越强，就越能产生注意的决心，就能长时间地保持注意力。学习是复杂而辛苦的活动，会遇到困难和干扰，不能注意就难以完成学习任务。为克服学习中的困难，把注意力贯注在所要学的知识上，老师必须严格课堂纪律，培养学生自觉的、有目的的注意能力。

在教学过程中，课堂的许多情况是不可预见的，一些突发事件往往吸引着学生的无意注意，使课堂秩序发生混乱，影响教学的正常进行。老师应发挥教学经验和智慧，利用教育机制扭转事态的发展，控制学生的注意力，走上正常轨道。

语文课上，教师正在讲解语文课文，突然后面一个小胖子打了一个很响的饱嗝，引起全班同学的哄堂大笑，原来他趁老师上课不注意偷吃了一大口香肠。如果老师批评他，会让本来很多想看笑话的其他同学得逞，也影响了教学秩序。只见语文教师并没有恼怒，而是等小胖子把香肠都咽下去之后，请他用词语描述下这个香肠好吃到什么程度。在学生说出的词语中教师找到了与今天课文里出现类似的词语，请同学们分析这两个词语的区别。这样，教师就不留痕迹地把因突发事件分散了的学

生注意力重新引回到课堂教学中去。

(四)正确运用注意规律,保持学生良好的注意力

不随意注意和随意注意的交替使用。在教学中,单一运用随意注意或不随意注意来完成教学任务是不存在的。随意注意时间过长,会引起大脑疲劳,而每项学习活动,都会遇到困难,所以也不能单靠不随意注意来完成,二者必须交替使用。

因此,课堂上劳逸结合,对保护学生的注意力很有帮助。足够的休息对保护神经细胞免于衰竭很重要,所以教师要关心学生休息的量和质。心理学家研究表明,连续学习的时间45分钟-60分钟最好,大脑在进入学习后的10分钟左右达到最佳状态,这种状态能持续25分钟—45分钟,之后效率就下降。

总之,注意力对学生的学习作用是重大的,培养学生的注意力是提高学生学习效率的有效途径,大量的理论和事实已证明了这一点。

二、学生观察力的培养

学生有没有能力发现问题,对周围的事物有没有兴趣观察是孩子智力品质的重要表现。

人类历史上,尤其是科学发展史上的成功人物都具备优秀的观察力品质。世界伟大的物理学家牛顿,从小时候起就非常喜欢对周围的各种事物进行仔细地观察,通过不断的观察,把不懂的地方彻底弄明白。

有一次,牛顿为了观察顺风与逆风导致的速度差,就在狂风中冲出门外,一会儿顺风前进,一会儿逆风行走。正是这种观察力品质,成为成就牛顿巨大成绩的重要原因之一。英国伟大的生物学家、进化论的创始人达尔文从小就特别热衷于观察动植物。他曾注意到花有不同的颜色,然后他就试图用不同颜色的水去浇灌花,希望花能够开出不同颜色的花朵。达尔文也曾经到过南美洲,去观察那儿的动植物的生长习惯,经过20年的观察和积累,达尔文终于完成了详细的观察日记,并最终完

成了《物种起源》。后来达尔文说："我既没有突出的理解力，也没有过人的机警，只是在觉察那些稍纵即逝的事物并对其进行精细观察的能力上，我可能在众人之上。"

观察力是人们通过眼、耳、鼻、舌、身等感知客观事物的能力，对学生来说也是完成学习任务的必备能力，属于智力品质的范畴。学生学习知识需要从观察开始，即使是间接地从书本上获得知识，也离不开眼睛、耳朵等感觉器官的观察活动。许多学生学习成绩不好的原因之一就是观察力差，从而导致思考能力和判断能力低下。由此可见，让学生具备观察力的品质是非常重要的。

要培养学生善于观察的品质，使学生具有认真细致的观察态度，这是教师应该努力做到的。对学生来说，观察中容易出现笼统、马虎并易受情绪和兴趣的影响的现象，可是这却是学生年龄的特点。

根据中国科学院心理研究所的统计，在小学1—2年级的3752名学生中，发现错字率达到25.6%，其中由于观察的不细致，对整个字形印象模糊造成错字的占88.12%。

很多教师平时并没有让学生多观察事物或者具体指导如何来观察事物，但是经常在作业布置上会就某种事物要求学生写些相关的日记或作文，结果很多学生完成情况往往事与愿违。教师很是生气，为什么学生都不会观察呢？我们有个经典案例：在哥根廷一次心理学会议上，突然从门外冲进一个人，后面追着一个手里拿枪的人，两人在屋子中混战时，突然响了一枪，两人又一起冲了出去，从进来到出去共20秒钟。主席立即请所有与会者写下他们的目击经过。其实这件事是事先安排的，经过了排演，并全部照相，而与会者却并不知情。写好后交上来的40篇中主要事实错误少于20%的只有一篇，有14篇主要事实错误在20%—40%之间，25篇主要事实错误在40%以上，在一半以上的报告中，有10%或者更多细节纯属臆造。由此看出，没有准备、没有目的的观察，连心理学家们也显得如此狼狈，怎么能责怪学生写不出观察细致的作业呢？[1]

那么教师如何进行观察品质的培养呢？

(一)有效发挥教师"指导语"的指导作用

要培养提高学生的观察力，教师事前的"指导语"非常重要。从观察功能来看，教师指导语主要有三方面作用：

1.定向、定位作用

我们可以把观察分作定向观察和随机观察。随机观察是指随时随地对日常生活中的人和事进行任意观察；而定向观察则是指有目的的观察。那么观察效果的好、坏与观察前的目的性有着密切联系。因此教师事先要明确提出目的和具体要求，指引观察方向，引导学生有意识地了解自己的观察任务，做到有的放矢、目的明确。例如，同一张挂图，一种情况下，观察前，不向学生提任何观察要求；另一种情况下，观察前，向学生提出观察后要将它重新画出来的要求。结果证明，后一种情况，学生观察的效果要好于不提任何要求的观察。

同时，在让学生观察课文插图时，教师提出的观察任务不同，学生的观察结果也不相同。例如，看一幅插图，如果要求学生观察这幅插图中画了些什么，那么学生侧重于列举出插图上面的具体对象；如果教师要求学生看看这幅插图画的什么意思，则学生会偏重于说明插图上各个具体对象之间的关系或者插图的主题。

2.加深理解作用

学生在观察的时候往往只看到表面现象，许多时候不能洞察到本质。这时教师就要充分发挥指导语的作用，充分考虑如何起到加深学生理解的作用，既要使学生观察到表面现象，又要适时引导学生透过现象看到本质的东西。其次，还要把"到底是怎样的"、"为什么会这样"的问题，引向具体化、深入化，这样才能引导学生由对观察对象的感性认识上升为理性认识。

[1] 施德明.儿童教育漫谈[M].北京：中国农业机械出版社，1982：35—37.

3.提高、开拓作用

在观察前和观察中,教师可以对观察的对象进行提示和讲解,这有助于学生巩固所学知识,并在观察中得到印证。比如,一些自然景观的特点、一些景点的特色等,事前经过教师的提示讲解,然后学生就可以实地进行观察,并在观察中得到印证,这不但进一步加深了学生的印象,同时对学生观察思路的开拓也起到了作用。

(二)教师要善于利用外部自然环境和学生自身特点

1.利用自然环境培养学生观察力

大自然是培养学生观察力的好课堂。学生如果居住在城市,教师应时常安排活动或者利用活动日带学生到科学博物馆、动物园、植物园去参观、游玩、欣赏,让学生充分地体验生活;也可以带学生去参观自然博物馆、花木虫鸟展览会等。同时,教师的教育也可与父母相结合,每隔一段时间,带学生去旅游或在假期让学生到农村的亲友家小住,让学生尽情观察在城市看不到的大自然美丽风光。

如果学生家居郊区、农村,教师可放手让学生去观察,去动手,并有目的地加以引导。

2.利用学生好奇心,提高观察力

学生的天性是对周围世界好奇。对于学生的好奇心、求知欲,教师要积极保护和利用。当学生问"是什么"、"为什么"时,除了一些不能通过观察得出的结论,教师都不必急于将答案告诉他,而应引导学生自己去观察、去发现。那么学生以后遇到类似的情况会自己留意去观察、去找答案。

3.利用学生多种器官活动,增强观察力效果

要尽可能让学生多种感觉器官参加活动。因为客观事物的特性是多方面的,例如,色彩、形状、音响、气味、冷热、软硬等,都需要不同的感官去鉴别。在观察中,老师让学生多看看、听听、摸摸、闻闻、尝尝、做做、写写,亲自实际操作,以增强

观察效果。比如听一听，水流声和鸟叫声有什么不同？摸一摸，真花和塑料花的表面有什么不同？尝一尝，水和酒的味道有何不同？做一做，种些花草树木，养些小动物，教师指导他们留心观察：幼芽怎样破土？花蕾怎样结果？虫儿怎样吃？鸟儿怎样飞……

(三)灵活运用指导观察的有效方法

面对事物，有些学生还是会显得无从下手，这时候，教师不妨以一个事物、两个事物作为切入点对学生进行教导，从多角度指导学生，可能收效更明显。

1. 一个物体的多角度观察

著名画家达·芬奇在14岁的时候，父亲送他到当时的意大利名城佛罗伦萨，拜大名鼎鼎的画家佛罗基奥为师，让达·芬奇学画画。达·芬奇很高兴自己能师从伟大的画家。但是，令达·芬奇奇怪的是，老师不是先教他创作什么作品，而是要他从画蛋入手。达·芬奇心想，画蛋有什么难的？于是，他画了一个又一个，足足画了几十天。好学的达·芬奇终究无法忍受终日画蛋的生活，表现出了极端的不耐烦。佛罗基奥见他有些不耐烦了，对他说："这是在训练你敏锐的观察力呀。要知道，一千个蛋当中从来没有两个是形状完全相同的，你必须能够迅速而准确地在无数个鸡蛋中，发现它们的细微的差别，从而抓住每一个鸡蛋的特征。"

佛罗基奥说："你仔细观察一下，这只鸡蛋如果这么摆放，阴影在这一面，鸡蛋偏圆一些；如果你从那边看，鸡蛋就好像扁一些。从其他几边看，都是不一样的。如果改变鸡蛋的摆放位置，光线的投射又是不一样的，产生的效果就更不一样了。只有从不同的角度把握这个鸡蛋的形状，你才能真正把它画好。所以，你先得学会从不同的角度观察一个鸡蛋，反复地练习画蛋，这样画什么就都能得心应手了。"

在教师的指导下，达·芬奇茅塞顿开，他不仅学会了应该怎样观察事物，而且学会了应该怎样去思考问题。于是，达·芬奇继续苦练基本功，并创造了一种被人称为"薄雾法"的绘画技巧。

教师要求学生观察事物时要有顺序地进行观察，让学生根据观察对象的外部特点从整体到局部或从局部到整体，从左到右、从上到下、从外到内以及一一对应地观察。

同一事物，观察的角度不同，观察的结果也不同。正所谓"横看成岭侧成峰，远近高低各不同"。

图 2—1

例如，三个小朋友分别从前面、侧面、后面观察一个恐龙玩具的情景图，下面给出从这三个方向观察到的形状，让孩子判断这三种形状分别是谁看到的。使孩子认识到，从不同的角度观察同一个物体，看到的物体的形状是不同的，初步体会局部与整体的关系。孩子无论选择了哪个观察点，观察到的只是物体的其中一部分，观察点不同，看到的形状也是不同的。只有把不同位置观察到的形状进行综合，才会形成这个物体的完整表象。例如，　和　这两个图形，如果仅从正面观察，看到的形状是相同的，只有从其他位置再进行观察，才能比较两者的不同。

2. 两种物体的对比性观察

教师为了使学生能更准确地认识事物，发展学生的观察力，可以让学生对两种或两种以上的物体或现象进行比较，找出它们的不同点和相同点。如比较操场雨前和雨后、山顶日出和日落、教室外阴天和晴天等各有什么相同和不同之处。

3. 动态事物的动态观察

动态观察法就是对处于活动、变化状态的景物的观察。它与静态观察的不同之处就是动态观察是按照时间的顺序，将观察事物的变化、声音、活动等细节一一观察出来，它比较适合观察总是处于运动或者变化的事物和物体。

例如，学生在山上观察日出就比较适用动态观察方法。教师要引导学生先观察在太阳还未出现时，天边的色彩是浅蓝的，当太阳刚刚出现时，天边的色彩转瞬间就出现了一抹红霞，之后这红会慢慢扩大，慢慢变亮，整个天空都变成金色的了。而太阳的形态也发生了很多变化，由开始露出小半边脸，然后像负着重担似的跳跃式地使劲上升，最后终于冲破云霄，跃出山顶。这些都需要教师用动态的观察手段来引领学生对动态事物进行一系列的连续观察，使学生能够在观察中感受到变化中富有生命力的真实感受。

(四)观察记录不可缺少

教师在学生观察后，要求学生做观察记录或者报告，这对于学生的观察而言，会起到事半功倍的作用。记录或者报告，可采用图画方式、口头报告或者书面记录的方式。教师的这一要求，会大大促进学生观察的积极性，并使观察过程变得更加认真。为了更好地完成任务，学生在观察时不放过观察对象的任何一个细节。同时，观察记录或者报告也能起到巩固观察结果的作用。

每个学生都有一双明亮的眼睛，请教师要格外珍惜，让他们睁大眼睛去观察、去发现。但教师们要切记，是让学生用自己的眼睛，而不是教师的眼睛！

第三节　学生核心学习能力——记忆力的培养

记忆是通过识记、保持、再现等方式，在人头脑中积累和保存个体经验的心理过程。在人们感知过事物和思考过问题之后或者在体验过情感和从事过的活动之后，都会在人们头脑中留下或多或少的印象，有一部分作为经验能保留很长时间，在一些条件下还能恢复，这就是记忆。

记忆力就是记忆的能力。首先，记忆是一种积极能动的活动。心理学家认为，人对外界输入的信息具有主动编码的能力，使信息被大脑接受。一般来讲，信息只有被编码才能被大脑记住。如学生的阅读、做练习、考试等过程都有编码过程。其次，人对外界信息的接受是有选择性的，只有被认为是有意义的事情，才会被人有意识地进行识记。再次，记忆还要依靠人原有的知识结构，只有新信息能够被纳入原有信息的知识结构中时，新信息才能在大脑中储存下来。

这样看来，只有学习的内容真正能够引起学生的兴趣，学生才能够主动选择记忆，学习内容很好的被大脑所接受。

一、记忆的分类

(一)形象记忆、语词逻辑记忆、情绪记忆和运动记忆

形象记忆是以感知过的事物在人脑中再现的具体形象为内容的记忆，这种记忆能够保持事物的感性特征，具有直观性。如我们参观了上海的世博会后，能够记住很多馆建筑的特点，尤其是中国馆的外形，这就是形象记忆。

语词逻辑记忆是用词的形式，在人们头脑中以思想、概念为内容的记忆。人们对自然、社会和思维本身的规律性的知识，都是通过语词逻辑记忆保存下来的。

情绪记忆，是以个体体验过的某种情绪和情感为内容的记忆。例如，小学一年级学生对第一天进入学校时愉快或者不安心情的记忆，这就是情绪记忆。回忆入队时的骄傲，会带来愉快的体验；回忆忘记写作业时的恐惧，会带来重新的不安体验

等。情绪记忆一经形成很难遗忘。

运动记忆是以人们操作过的动作为内容的记忆。例如，书写、劳动或游泳、骑车等动作记忆。运动记忆识记时比较困难，但一旦记住，则不易遗忘。游泳和骑自行车等运动学习过程比较难，但一旦学会就不会遗忘。

（二）无意记忆和有意记忆

无意记忆是指没有预定目的，自然而然就能发生的记忆。例如，学生对好玩的笑话、爱看的动画片都能不需要任何努力就能够记忆。但是这些记忆带有偶然性和片面性，所以不能满足特定任务的要求。

有意记忆是指有明确的记忆目的，采取了相应的记忆方法，在意志努力参与下的记忆。例如，学生上课时，有意识地记住老师所讲授的内容。考试时有意识地答卷回答问题，这都是有意记忆。

（三）瞬时记忆、短时记忆和长时记忆

当客观刺激停止作业后，感觉信息在一个极短的时间内保存下来，这种记忆叫感觉记忆或者瞬时记忆，它是记忆系统的最初阶段。瞬时记忆的储存时间大约为0.25秒-2秒。例如，坐在公交车上看到车窗外面驶过的车的车牌号时，往往看到时能记住，可是下一辆车的车牌号再次出现在我们眼前的时候，刚刚看到的那个车牌号就已经记不清楚了。如果这些瞬时记忆的信息进一步受到注意，则进入短时记忆。

短时记忆是瞬时记忆和长时记忆的中间阶段，保持时间大概是5秒到2分钟左右。如果需要，短时记忆通过再编码就进入到长时记忆之中。

长时记忆是指信息经过深度加工后，在头脑中长时间保留下来，这是一种永久存储。它的保持时间长，从2分钟到可能永远。长时记忆的容量没有限度。

在学生学习过程中每种记忆都有作用，但是比较而言，长时记忆对学生最有用。

但任何长时记忆都需要经历瞬时记忆和短时记忆才能转入长时记忆，缺乏瞬时记忆的登录、短时记忆的加工，就不可能形成信息的长时记忆。[1]

二、记忆的天敌——遗忘

记忆保持的最大变化就是遗忘。遗忘和保持是矛盾的对立面。记忆的内容不能保持或在提取时有困难就是遗忘。如识记过的信息，在需要提取时不能再认或者回忆，发生再认和回忆时的错误，这都是遗忘。例如，学生在测验考试时，对试卷中的知识点不能回忆或者填写不完整、不正确这就是遗忘。虽然我们都惧怕和痛恨遗忘，但遗忘是一定会发生的。

最早对遗忘进行研究的是德国心理学家艾宾浩斯。通过艾宾浩斯的研究，他得出了遗忘的规律，遗忘的过程是先快后慢。

遗忘进程不仅受到时间的影响，还有其他影响因素。

（一）识记材料的性质和数量

在学习程度相等的情况下，识记材料越多，遗忘越快，材料越少，遗忘较慢。所以，学生学习时要根据材料的性质来决定学习的数量，不要贪多求快。

（二）学习程度

对学习材料的识记不能达到一次就能无误背诵的标准，称为低度学习。过度学习，又称为"过度识记"，是指达到一次完全正确再现后仍继续识记的记忆。过度学习有利于识记材料的保持，但是也要明白"过犹不及"的道理，不能一味地重复再重复。低度学习容易导致遗忘，而过度学习记忆效果好，但花费在过度学习的时间较多，容易造成时间和精力上的浪费。

（三）识记材料的位置

识记材料的位置对于遗忘很重要。最后呈现的识记材料往往最容易被记住，最

---

[1]　彭聃龄．普通心理学 [M]．北京：北京师范大学出版社，1988：295-298．

先呈现的识记材料其次，最后回忆起来的是识记材料的中间部分。

(四)识记者的态度

识记者对识记内容的需要、兴趣等对遗忘的快慢有一定影响。在人们的生活中不占主要地位的、不引起人们兴趣的、不符合我们需要的事情，首先被遗忘；反之，遗忘的较少。

三、记忆力的培养

(一)中小学生记忆力发展的特点

记忆力是人脑对过去经验过的事物的反应能力。但是不同阶段学生的记忆力发展是不相同的。小学生由于理解能力和生活范围的局限，记忆的容量和质量都比较差。进入初中以后，记忆迎来了发展的黄金时代。中小学生记忆力会因为学生年龄的增长而产生变化，它表现为：

1. 从无意记忆向有意记忆发展

小学生记忆的一个主要特点是无意记忆占主导地位，这主要是由于小学生对事物的观察往往带有随意、零散、肤浅的特点，识记的目的、任务不够紧迫明确，因而有意记忆能力较差。到初中随着观察能力的提高，生活课题的发展，来自外界的刺激和要求多样化并复杂化了，为了从庞杂的信息中选择需要的东西，有意记忆就显得十分必要。记忆的目的性、自觉性、主动性和积极性也都随之明显增强起来。初中生往往有意识地去观察问题、认识事物，主动地扩展记忆范围，积极地进行信息加工和整理，这样就使青年的记忆容量和有效性大大地超过了儿童。

2. 从机械材料记忆向逻辑意义记忆发展

小学生记忆的又一特征是对机械的记忆占有优势。据国外研究表明，机械记忆的发展，男子在13岁、女子在12岁时达到顶点，之后逐渐下降；而逻辑意义记忆则在12—13岁以后才迅速发展，约在20—25岁处于最高值。所以，进入初中正是机械记忆向逻辑意义记忆转变的时期。由于逻辑意义记忆比机械记忆记得快、记得牢，因此初中生的记忆也就效率高、质量好，在单位时间内记忆的容量大大超过小学生。

3. 从听觉记忆向视觉记忆发展

小学生约在8岁左右是以听觉记忆占据优势的。以后由于学习阅读的增加，视觉记忆逐步发展，到12岁以后两者持平，以后便逐渐转化为视觉记忆占优势。初中生记忆方式的变化，使初中生的记忆力出现了质的变化，不仅识记迅速、保存持久、回忆准确，而且记忆范围宽广、内容丰富、形式多样。故初中生堪称人生记忆的最佳期。据研究，35岁以后记忆力即呈明显下降趋势。

(二)培养中小学生记忆力的方法

想要更好地增强记忆力，要掌握下面的一些方法和技巧。

1. 保持心情平静，树立信心

心情平静容易记住来自外部的信息。我们知道，向微波荡漾的湖水中投掷石子，荡起的波纹几乎看不到。但是，向平静如镜的湖水中投掷石子，荡起的波纹则很难消失。这是日常生活中的一种自然现象。其实，在我们的头脑里也同样具有这种情况。当我们心身舒畅、心情平静的时候，我们的记忆装置——大脑皮层就会安静下来，这时传递给大脑的信息就会被牢牢记住。学生记忆也是一样，要保证学生的心情平静，他的记忆效果才会好。

树立信心会使头脑灵活，增强学生的记忆的能力。道理很简单，如果学生有自信，向大脑下达"我一定能记住好它"的命令，通过刻苦学习，学生一定会记得住、学得好的。

2. 保持大脑轻松，劳逸结合

消除疲劳可增强头脑的活动能力，疲劳会降低头脑的活动能力。因此，即使是经常进行激烈比赛的运动员，在比赛前也要进行充分休息，消除身体的疲劳以后，再投入比赛。这是因为，疲劳会显著地降低脑细胞的活动能力，记忆力也会随着这种降低而减弱下来。所以，要想提高记忆力，就必须经常调整自己的身心状况，使脑细胞处于良好状态。

心理学家在试验中证明，在记忆新的事物和单词时，每记忆30分钟以后中间休息5分钟，其效果远远超过长时间连续记忆。我们常常也遇到这样的情况，头一天晚上怎么也解不开的问题，第二天早晨，稍加思索就迎刃而解了。可见，适当的休息对记忆来说非常重要。

对于中小学生来说，充足的睡眠是保持大脑轻松很重要的方面。另外，远离电脑游戏、手机游戏也是让大脑能够轻松的一个方面。

3.寻求记忆良方，适当刺激

寻求良法可提高记忆效率。记忆的方法，因人而异。有的学生在第二天早晨把前一天学习的内容看一遍，就能牢牢地记下来；有的学生边听边写就能很好地记住；还有的学生边听音乐边学习，比在万籁俱寂的环境中记忆得更好，等等。学生要知道自己最擅长的记忆方法是什么，如果清楚的话，一定要注意运用和发挥它；如果还不清楚的话，要注意观察、分析和总结，它会使你的记忆力如虎添翼。

刺激可使脑细胞变得年轻而敏锐，提高记忆的生命力。要使我们的脑细胞永葆青春，关键在于要经常给予刺激。观察一下我们的日常生活，这种观点是很好理解的。一些高级领导人，七八十岁了，仍然朝气蓬勃，机智敏锐，原因虽是多方面的，但他们"经常处于接受新刺激的环境中"这一条是更为重要的。

4.制定明确目的，提升兴趣

目的明确可集中精力，从而促进记忆。乘车去朋友家时，自己开车和坐别人的车，情况完全不同。只要自己开车去一趟，几乎就把路线完全记住了，可是，由别人开车，自己尽管坐在司机旁边，也很难记住路线。这就是目的性强弱的差别，它同记忆的差别密切相关。

提高兴趣是提高记忆力的促进剂。例如，如果问："你过生日那天，妈妈给你买什么好吃的？"几乎所有的学生都能清楚地回忆起来。但是，如果问："第一天你上学的时候，老师穿的是什么颜色的衣服？"几乎所有的人都回答不出来。由此可见，兴趣这个"促进剂"，对提高记忆非常重要。

世界著名的心理学家弗洛伊德曾说过："人只记感兴趣的东西。"确实，我们往往对于自己所关心的事物能够很轻松地记住。生活中有很多这样的例子。小学生上学时，沿途要经过好几个玩具店，他能把玩具店的店名记得一清二楚；相反，一个每天赶公共汽车上下班的人，对于窗外的街景却没有丝毫的印象，这是因为他没有抱着有趣、好奇的心情去欣赏。

对于背英文单词也是如此，有许多学生很讨厌英文单词，记住一个英文单词不知要花多大的力气，但是却很喜欢看外国的电影，看得多了，很多难记忆的单词自然而然地就记住了。

因此，记忆的先决条件就在于兴趣。你对所从事的工作抱有强烈的兴趣，会使你的记忆效果迅速提高。在记英文单词的过程中，与其为应付考试才去死拼烂打背单词，不如想一想，有一天我遇到一位外国人时，如何和他交流。把记忆当作一大乐趣，就会越来越能背单词，记忆力就会随之提高。

5.营造愉快心境，细致观察

心境愉快能把事情牢牢记住。学习前先想想愉快的事情，看看令人愉快的东西，听听令人愉快的音乐，会有助于心情的平静，从而提高记忆力。还有，把学习与自己的抱负联系起来，把学习与想像中的成功的喜悦联系起来，也会大大提高记忆力。

仔细观察可增强对事物的印象，提高记忆力，比如，经过辛苦的查询和一番周折而拜访了一次朋友后，往往比看地图或听人告诉更不容易忘记地址。这是因为，亲临现场观察比耳闻更能清楚地记住目的地。

6. 理解记忆内容，强化形象

俗话说："强记不如善语。"真正理解一些知识后，你就能很轻松地记下这些知识。德国的心理学家艾宾浩斯曾做过一个有名的有关记忆力的实验。在这个实验中，艾宾浩斯让同一组人分别记忆两组不同的记忆材料。一组是12个无意义的音节，一组是含有480个音节的诗。实验结果表明，在记忆12个无意义音节时，人们平均需要复习16.5次才能完全默写正确，而对于含有480个音节的诗，平均只需要复习8次就能背诵。这个实验表明，理解有助于记忆，记忆无意义的或不理解的材料比记忆有意义的或理解了的材料困难得多。

理解是记忆的基础，是克服遗忘的有利手段。张载曾说过："书多阅而好忘者，只是理未精耳，理精则须记了无去处也。"意思是指要彻底在"理解"上用力气，透彻的理解能使自己牢固地"记得"。宋朝时福州有个读书人叫陈正之，他开始求学时，每拿到一本书，就匆匆忙忙地读完。他虽然读书很多，却收获很小，记住的东西不多，他认为自己的记忆力天生不好，常常为此而感到苦恼。后来，他遇到了理学大师朱熹，朱熹对他说："你以后读书，每次只读50个字，一连读它二三百遍。"陈正之回家以后，按照这种方法读书，每次只读一小段，务求读懂、记牢，然后再往下读。这样，他开始感到读过的书经久不忘。后来，他知识大进，成为了真正有学问的人。

只有深刻理解了所学的东西，才能加深记忆。有的学生不这样，总是不求甚解地读自己喜欢的书或者养成只看一种书的坏习惯，不去深刻理解其意义，这样只能是读一本忘一本，到头来什么也记不住。林肯就不是这样，他是一个贫苦的拓荒者的儿子，难得有钱买一本书，因此，只要得到一本书，就反复地读了又读。由于他孜孜不倦地反复阅读，既能深刻地理解其意义，又能有条有理地把内容记在头脑之中。把要记忆的东西变换成具体的事物，形象化地加以考虑，就能迅速地记忆在头脑之中。比如，有的外语单词很难记，你根据词的发音变换成日常生活中常遇到的某些东西去记忆，这样就不难了。记住这种东西，就会记住那个单词。

7. 善于运用联想，抵制遗忘

善于运用联想去记忆，既牢固又好发挥。古希腊和罗马时代的西塞罗和塞涅卡等雄辩家，之所以能够记住长篇的演说内容，就是由于善于运用联想。日常生活中也有很多事可以说明联想有助于记忆。

有效的不断反复，是保持记忆的有效途径。根据一些心理学家的分析，遗忘有着自己的规律，一开始，它气势汹汹，最初的20分钟内，会忘掉41.8%；3个小时后，忘掉了一半；此后，遗忘的速度减慢了，一个月后，忘掉了大约80%。[1]

这就是说，学习就是记忆和遗忘的一场比赛。如果你赶在遗忘之前再记忆——复习，效果就比晚复习好得多。比如说，在遗忘最快的前20分钟抓紧复习，记忆得到了强化，遗忘的东西就会少得多；如果在3小时内再复习一次，记忆又第二次得到了强化，遗忘的内容就更少；如果在第二天再进行一次复习，你就会记得相当牢固；此后，在一周后再记忆一次，在一个月后再复习一次，你就能牢牢记住所学的知识，甚至可以做到终生不忘。

中国古代教育学家孔子说过"学而时习之"，德国哲学家狄慈根也说过"重复是学习的母亲"，这些伟人的名言是有一定道理的。著名科学家茅以升在他年过八旬时仍然有着相当惊人的记忆力，他还可背出圆周率小数点以下一百位精确的数值。在一次宴会上，有人询问道："您是怎样记住的呢？"茅以升回答说："说起来很简单。重复！重复！再重复！"

(三)提高中小学生记忆力的法宝——提供正确的大脑"食物"

记忆力是大脑的功能，记忆过程与大脑的生理活动有着密切的关系。注意适当

---

[1]　彭聃龄. 普通心理学 [M]. 北京：北京师范大学出版社，1988：295-298.

的营养，增强大脑记忆的物质基础，对提高大脑的记忆力很有帮助。

科学家对金鱼的记忆作过试验，训练金鱼学会某种技能，然后给它注射一种能阻止蛋白质合成的物质。结果，金鱼学会的技能很快就全部遗忘了。这说明，短时记忆要转化为长期记忆，一定要有一定的蛋白质的参与。大脑中蛋白质的合成对于提高记忆能力是有帮助的。因此，要提高记忆力，就要注意多吸收一些优质蛋白质。

记忆过程还与大脑中的神经递质有一定的关系。比如说，如果大脑中缺乏一种名叫乙酰胆碱的神经递质，记忆力就会减退。而鸡蛋中有一种叫做卵磷脂的物质，它是制造乙酰胆碱的材料。因此，多吃一点蛋黄，对提高记忆力是有好处的。

因此，人的记忆力与饮食的食物中的营养成分有密切关系。要保持高水平的智力，不仅在工作、学习中要多加训练注意，还必须注意饮食结构。例如，多吃一些牛奶、蛋类、鱼类等食品，这将补充大脑所需的营养成分。

纽约哥伦比亚大学人类营养研究所前教授布赖恩·摩根博士推荐富有卵磷脂的饮食，以帮助每个人增强记忆，特别是增强学生的记忆。含有丰富卵磷脂的食物包括花生、蚕豆和麦芽。他还推荐补充含卵磷脂和氯化胆碱的饮食来提高相关信息传递因子在体内的含量水平，这些是增强记忆力所必需的。他指出："值得庆幸的是，一匙玉米油足以满足一个成年人的全部需要。但这一匙对于正常大脑功能是至关重要的。没有这一匙玉米油，大脑就不能修复髓脂质鞘，结果可能会导致动作不协调、混乱、失去记忆、偏执、冷漠、发抖的幻觉。"

他们还将缺铁列为学生脑力不济的一个主要原因，缺铁会"减少注意的阈限，延迟理解力和推理能力的发展，损害学习和记忆，并且通常会影响儿童的学习成绩。"

大脑还需要供给其他营养成分，钠和钾是主要的营养成分。1000亿个脑神经细胞有多达100万个钠泵，它们对于传输大脑所有的信息是极为重要的。钠和钾将能量供应给那些泵。像葡萄糖一样，钾也主要在水果和蔬菜中可以找到；钠可以在大多数食物中找到。简单地说，减少钠的吸入量，你就会减少大脑周围电流的运动，就会减少大脑的信息接收量。大幅度减少钾的吸入量，你会有厌食、恶心、呕吐、昏昏欲睡和昏迷的危险。所有这些症状，都可能表明你大脑关键的信息传递泵停止工作了。

几乎所有水果都含有丰富的钾，特别是香蕉、橘子、杏子、鲜梨、瓜、油桃和梨子。土豆、西红柿、南瓜和洋葱也是如此。

可以说，你吃什么决定了你成为怎样的人。知道供给你大脑正确的"大脑食物"，是提高记忆能力的起始步骤之一。

具体地说，加强大脑的营养主要应从下面几点做起：

1. 增加蛋白质

蛋白质是构成细胞的主要物质基础，摄取大量的蛋白质，就能使脑细胞取得充足的营养，就可增强大脑的代谢，加速大脑皮层细胞的抑制和兴奋，提高大脑工作的效率，同时增加对大脑的保护作用。因此平时要多吃蛋白质含量较高的食品，如蛋类、豆类和奶类食品。

2. 增加葡萄糖

葡萄糖是人脑中提供能量的主要物质，人脑从事脑力活动的能量，大部分都靠葡萄糖分解而产生，正常的大脑每天需要消耗130克左右的葡萄糖，否则人脑所需要的能量就不充足，人就会感到疲劳，思路不清。

3. 增加维生素

大脑中维生素含量虽然较少，但对人体神经功能的调节却起到重要的作用。维生素A对人的视力有很好的调节作用，缺乏就能导致夜盲症；维生素B能促进大脑中碳水化合物的代谢，从而保护神经系统；维生素C是蛋白质和糖类分解不可缺少的物质；而维生素B6和B12则能对大脑神经起保护和镇定的作用。因此，要多吃含维生素的食物，如胡萝卜、蔬菜和水果。

4.增加钙、铁等元素

钙和铁在人脑中能平衡和调节神经系统，对人脑正常的生理机能起着重要的作用。补充钙、铁等，主要从水果和蔬菜类食品及动物肝脏中获得。

当然，大脑还需要其他的许多种养分。食物中，各成分的含量是不一样的，日常生活中只要不偏食，不挑食，就可以获得大脑所需的各种营养。

第四节　学生高级学习能力——思维能力的培养

一、思维的概念和特性

(一)思维的概念

思维是人脑借助于言语、表象和动作实现的，对客观事物的概况和间接的反映。思维是运用我们已有的知识经验进行推论，揭示某些事物的内部特征和规律。例如，中国古代有一则"瞽者窃钱"的故事。故事讲的是一个盲人(瞽者)和一个小贩同住在一家旅馆中。盲人偷了小贩五千文钱，第二天早晨争吵起来，告到官府。县尉立即把他们提审到衙门里审讯。县尉问小贩："你的钱有记号么？"小贩回答，这就是常用的东西，哪里有什么记号。县尉问盲人，盲人说有记号，钱都是字对字、背对背穿起来的。县尉拿到钱一看，果然如此，但是小贩不服，坚持说那个钱是他的。县尉让两人把手都伸出来，看到盲人手上满是青黑色的铜锈。县尉判定，盲人的钱是他用手摸索了一夜穿成的。于是责罚了盲人，让小贩把钱拿走。这位县尉面对盲人和小贩的口供和物证，经过一番思索和判断，最后正确还原了案件的原貌，揭示了钱与满手青黑色铜锈的联系，得出这个结论的过程就是思维。

(二)思维的特性

1. 思维有概括性

思维在大量感性材料的基础上,把一类事物通过本质特征和规律抽取出来,加以概括,这就是思维的概括性。例如,我们把植物中具有繁殖功能的部位称为"种子",种子有各种形态和颜色,有的种子可吃,有的种子不能吃;有的种子长在树上,有的种子埋在土里,但是人的思维不反映它们的具体形态,而是反映它们的共同特征,并把这种认识推广到同类事物中去,进而识别各种各样的种子。

2. 思维具有间接性

思维活动不反映直接作用于感觉器官的事物,而是借助一定的媒介和一定的知识经验对客观事物进行间接的反映,这就是思维的间接性。例如,"瞽者窃钱"的故事里,县尉并没有亲眼看见盲人偷钱的过程,他是使用间接的方法,借助于钱是字对字、背对背地穿起来和盲人满手青黑色铜锈这些事实间接地认识了钱是盲人偷的。也就是说,县尉的判决并不是从他的直接感知获得的,而是根据所观察到的事实,作了一番认真的思考,间接地推断出来的。我们不能回到远古猿人生活的时代,但是考古学家可以通过发现的化石,复现出猿人当时的形象和生活情景。正是思维的间接性,我们才能超越感知觉提供的信息,认识那些没有直接作用于人的各种事物的属性,揭露事物的本质、规律,预见事物发展、变化的进程。

3. 思维有对经验改组的特性

思维是一种探索和发现新事物的心理过程。思维的活动往往指向事物的新的特征和关系,这就要求我们对头脑中已有的知识经验不断地更新和改组。例如,世界上最小的物质过去被认为是原子,后来不断更新为质子、中子、电子等。概括这些新的概念和发现,要对原有的知识经验重建、改组和更新。

思维是我们在头脑中,运用储存在长时记忆中的知识和经验,对外界输入的信息进行分析、综合、比较、抽象和概括的过程，就是思维的过程。

思维能力对于学生来讲，是学生的智能核心，是学生的高级学习能力。知识和思维能力有着密切的联系，但绝对不是等同。有的学生非常善于思考，思维能力较强，但很可能在学校的学习成绩却一般；有的学生在学校考试成绩非常好，但是他却并不一定善于独立思考，思维能力一般，"高分低能"说的就是这类学生。

案例2-9 "你用什么时间来思考？"

现代原子物理学的奠基人卢瑟福对思维能力极为推崇。一天深夜，他偶然发现一位学生还在埋头试验，便好奇地问："上午你在干什么？"学生回答："在做实验。""下午呢？""做实验。"卢瑟福听后不禁皱起眉头。他继续问学生："那晚上呢？"学生回答："也在做实验。"卢瑟福严厉地斥责道："你一天到晚地做实验，什么时间来思考呢？"勤奋的学生本以为能够得到导师的夸奖，没想到卢瑟福居然大为恼火。

卢瑟福的质问极其必要。学生学习第一要掌握知识，第二是要发展思维能力。大多数教师能够达到学生学习的第一个要求，就是能够使学生掌握知识，但是对于发展学生的思维能力，往往忽略。这样就出现了学习成绩较好，但思维能力较差的"高分低能"的学生。

二、中小学生思维的特点

(一)小学生思维特点

小学时期，是小学生思维发展的重大转折时期。进入小学后，学生开始进行正规的系统学习，系统地掌握人类关于自然和社会的知识经验，自觉地服从和执行集体的行为规范。在学习过程中，小学生的各种心理过程的有意性和抽象概括性也得到发展。

我国心理学家朱智贤指出，小学生思维的基本特点是从具体形象思维为主要形式逐步过渡到抽象逻辑思维为主要形式。但是这种抽象逻辑思维在很大程度上，仍然是直接与感性经验相联系，仍然具有很大成分的具体形象性。

小学生思维特点表现为：

1. 在整个小学时期内，小学生的思维逐步过渡到以抽象逻辑思维为主要形式，但仍带有很大的具体性

小学生进入小学后，教学以及各种复杂的实践活动向学生提出了各种各样的要求，这就促使小学生逐渐运用抽象概念进行思维，使他们的思维水平开始从具体形象思维为主要形式逐步向以抽象思维为主要形式过渡。

培养学生抽象逻辑思维能力是学生深刻理解和掌握数学基础知识的必要条件，随着学生知识的增长和生活实践经验的增多，主观抽象思维的大脑皮层中的额叶迅速发展，因此教学中教师要不失时机地利用形象思维，促进学生抽象思维能力的发展。一般地，小学生认识数学的过程是一个逐步从具体到抽象，由对具体材料的感性认识到抽象数学概念的理解过程。在教学中，教师采用直观教学就是为了促使学生对直观材料进行比较、分析、综合、抽象和概括，更好地掌握数学知识，彻底摆脱具体形象思维的束缚，逐步学会运用概念、判断和推理进行抽象逻辑思维。

在教学中，通过实践操作活动，就是为了让学生对数学内容进行初步感知，之后再适时建立表象，及时向抽象的概念和复杂的数量关系过渡，最后根据数学思维模式去解决问题。比如"8+3"的教学过程中，可以通过实物操作演示，再通过简单图式把运算过程抽象分解。即3分解为2和1，再组合，即8和2组合成为10，可以再去掉图式，凭借表象进行抽象计算。耳听老师演示的讲述，脑海中初步涌现出一幅计算"8+3"进位加法的思维过程图。接着让学生自己动手边摆小棒边口述过程，再离开教具看式子图解：8+3=11，口述思维过程，最后过渡到独立用数学语言讲述运

算过程。这样就把抽象的数学知识转化为具体的生活现实，引人入胜，寓有童趣。实物演示、教具操作和师生的语言描绘，加上自己的学具操作，教学内容在孩子头脑中形成鲜明生动的形象，再通过他们的思维，小学生的具体形象思维得到培养与深化，就能根据算式"8+3"很快说出得数，这就是小学生从具体形象思维向概括形象思维迈出的一步。

因此，在教学中教师必须认识到小学生的抽象思维发展还很不完善，思维能力在很大程度上处于被动型、经验型，并且还需要以具体的感性认识作基础。因此，课堂教学必须从学生实际、现有的条件出发，充分应用形象思维，不失时机地引导学生向抽象的数学概念过渡。

2. 小学生思维由具体形象思维到抽象逻辑思维的过渡，存在明显的"关键期"

小学生思维由具体形象思维到抽象逻辑思维过渡关键期是在四年级（10—11岁），如果有适当教育条件，这个关键期可以提前全三年级。有关研究表明，小学生思维发展的转折点出现在何时，主要取决于教育的效果。在着重抓了思维的智力品质的教学影响下，小学生在三年级就可以实现数的概括能力的"飞跃"。而在教学不得法的传统教学法班级里，则到五年级才实现数的概括能力的"飞跃"。只要教学方法运用得当，小学生思维发展关键年龄可以提前至三年级。

3. 小学生的思维在从具体形象思维向抽象逻辑思维的发展过程中，存在不平衡性

小学生的思维发展具体到不同学科和不同教材的时候，往往表现出很大的不平衡性。在小学教学实验中，我们可以看到这种不平衡性。小学数学和语文教材是按照同一教学目标和要求编写的，但是小学生在数学学习和语文学习中，有时候表现出来的思维能力并不相同。[1]

---

[1] 林崇德. 发展心理学 [M]. 北京：人民教育出版社，1995：286–291.

（二）中学生思维特点

按照皮亚杰关于个体智力发展年龄阶段的划分，初中阶段正是"形式运算"阶段（12-15岁）。这个阶段的主要思维特点是，在头脑中可以把事物的形式和内容分开，可以离开具体事物，根据假设来进行逻辑推演，能运用形式运算来解决组合、包含、比例、排除、概率及因素分析等逻辑课题。朱智贤认为，初中生思维活动的基本特点是抽象逻辑思维已经占据主导地位，但有时思维中的具体形象成分还起作用。

思维的种类很多，如直观动作思维。自行车的轮胎瘪了，要通过检查自行车车胎才能知道是没有气了还是车胎被扎了。这就是通过实际操作解决直观而具体问题的直观动作思维。还有经验思维。低年级学生根据他们的经验认为的"果实是可食的植物"、"鸟是会飞的动物"等都是经验思维，由于只是经验不足，这种思维容易产生片面性。另外还有直觉思维。侦察兵在敌人阵地前，能够迅速判断敌方的设防情况，就是凭借着他的直觉思维。还有发散思维。按照不同的方向思考，重新组织眼前的信息和记忆系统中存储的信息，产生大量、独特的新思想。在思维种类中，发散思维对于中小学生来讲，至关重要。

美国中小学生的发散性思维，让我国很多教育者惊叹不已。其实，这些的背后，是美国一代又一代教师辛勤思维训练的结果。从美国教师对于中小学生发散性思维的训练里面，我们可以从中吸取有益经验，使我们国家的中小学生也能在掌握知识的基础上，能够发展思维能力。

下面介绍几则美国中小学训练学生发散性思维的作业，从中我们能有些许感悟。

案例2-10　唱给日用品的赞歌[1]

目标：学习诗歌的创作和夸张的修辞手法

[1]　胡庆芳．美国课外作业集锦 [M]．北京：教育科学出版社．2008：38-40.

方法：头脑风暴。学生选取熟悉的日常用品，运用发散思维，把它的特点都罗列出来，为诗歌的切入口做准备。

学生作品欣赏

铅笔颂

铅笔啊铅笔

我是多么爱你

你用心意一点

填补每一个空白

还完善"我"的每一个细节

铅笔啊铅笔

我打心眼里爱你

储物柜颂歌

漂亮的储物柜啊

漂亮的储物柜啊

你总是把我扶持

当我

被沉甸甸的书包

压弯了背

你总是同伙伴一起

自豪地挺身而出

我惊奇

你的臂力如此强大

在阴霾的日子

你给我希冀

在我虚弱饥渴的时候

总有清泉等候在那里

你记录着我成长的足迹

让我看到梦想的伸手可及

储物柜啊听我歌

世界上没有谁

像我们这样不离不弃

案例2-11　世界各地的快餐[1]

目标：学生利用网络和图书馆来研究4个国家的文化，观看有关现代文化的书和图片，准备在这些国家开一家快餐店。研究如何改变快餐风味，以适应这些国家的国情，并画出自己餐馆的草图。

学习过程：

1.思考：什么是文化？说一说自己国家的文化特色，如电影、运动、食物和服饰等。

2.访问网址http://magma.nationalgeographic.com/2000/culture/global/main.html，理解"全球化"这一概念，并说一说自己的观后感。

3.小组活动：学生分为不同小组，各小组模拟到墨西哥、印度、中国、俄罗斯的任一国家开餐馆。利用网络和图书馆，研究什么快餐好卖，雇员们要应对什么样

---

[1]　胡庆芳.美国课外作业集锦[M].北京：教育科学出版社.2008：57-58.

的文化风俗差异，该如何装饰餐馆等。务必使餐馆融入当地文化，被顺利接受。

4. 写可行性报告，报告要包括食物、装修和当地风俗。

作业：

1. 读一个经典的童话故事，边读边记录从中所发现的不同文化，如食品、服饰、迷信或宗教信仰等。

2. 把旧故事改写成现代版。要求不得改动原故事的情节和主旨，只是把现代背景、现代文化举止、现代事物有机地融入到故事中。

从上面两个案例中看出，教师在培养学生的思维能力方面，应该用引导、质疑激励学生积极思维。

电视剧每到剧情出现突变或者高潮时就戛然而止，使观众不得不接着去看下面的剧情。急切想得到答案的心理在青少年身上表现尤为突出。教师要善于利用这一特点，在课堂教学的导入阶段，有意识地精心设下疑问，让学生的思维活跃起来，处于积极向上的思维状态。

在教学中，教师要培养学生勇于思维探索的精神。良好的师生关系，教师对于学生的信任和尊重，欢迎他们发表各自不同的见解，是学生思维积极发展的前提和基础。和谐、亲密的师生关系一旦形成，学生思维的火花就会喷涌而出。同时，教师还要为学生思维创设一定的条件，把质疑当作学生学习中关键的环节。课前、课后和教学时都要不断鼓励学生多提问，并对积极思考、大胆质疑的学生给予充分的肯定和表扬。这样，会使学生们勇于挑战权威和难题，乐于探索的兴趣会愈来愈浓。学生的思维能力就是从疑问和兴趣开始的，如果对事物没有兴趣，不进行思考，提不出任何问题，还谈何思维能力的培养？

设问是思维的起点，对于培养学生的思维能力很重要。要想激发学生的潜能和思维能力，教师必须掌握设问的形式和技巧。要善于用设问的技巧，也要学会倾听学生的发问，这样可以增进师生关系，激发学生的思维能力，更可以培养学生的表达能力。

(三)教师培养学生的发散性思维的具体方法

1.发挥想象力，展开思维的翅膀

德国著名的哲学家黑格尔说过："创造性思维需要有丰富的想象。"

一位老师在课堂上给同学们出了一道思维训练的题目：杯子都有哪些用处？要求同学们尽可能想得多一些，想得远一些。有的同学马上想到了杯子可以用来喝咖啡、喝牛奶、刷牙。有的同学想到杯子可以当作工艺品，摆放花草。有一位同学的回答很有意思，他说杯子可以在危急时用来当武器。从发散性思维的角度来看，这位同学的回答应该得高分，因为他把杯子和武器联系在一起了。

一位妈妈从市场上买回一条活鱼，女儿走过来看妈妈杀鱼，妈妈看似无意地问女儿："你想怎么吃？""煎着吃！"女儿不假思索地回答。妈妈又问："还能怎么吃？""油炸！""除了这两种，还可以怎么吃？"女儿想了想："烧鱼汤。"妈妈穷追不舍："你还能想出几种吃法吗？"女儿眼睛盯着天花板，仔细想了想，终于又想出了几种："还可以蒸、醋熘或者吃生鱼片。"妈妈还要女儿继续想，这回，女儿思考了半天才答道："还可以腌咸鱼、晒鱼干吃。"妈妈首先夸奖女儿聪明，然后又提醒女儿："一条鱼还可以有两种吃法，比如，鱼头烧汤、鱼身煎或者一鱼三吃、四吃，是不是？你喜欢怎么吃，咱们就怎么做。"女儿点点头："妈，我想用鱼头烧豆腐，鱼身子煎着吃。"

妈妈和女儿的这一番对话，实际上就是在对孩子进行发散性思维训练。[1]

培养学生的创造性思维能力既要靠教师，也要靠家长。教师和家长要善于从教学和生活中捕捉能激发学生创造欲望、为他们提供一个能充分发挥想象力的空间

_____

[1]　http://baike.baidu.com/view/70827.htm

与契机,让他们也有机会"异想天开",心驰神往。要知道,奇思妙想是产生创造力的不竭源泉。

在我们教育学生寻求"唯一正确答案"的影响下,学生往往是受教育时间越长,思维越单一,想象力也开始枯竭。这就要求教师要充分挖掘教材的潜在因素,在课堂上启发学生,展开丰富合理的想象,对作品进行再创造。

2.弱化标准答案,鼓励多向思维

学习知识要不唯书、不唯上、不迷信教师和家长、不轻信他人。应倡导让学生提出与教材、与老师不同的见解,鼓励学生敢于和同学、和老师争辩。

单向思维大多是低水平的发散,多向思维才是高质量的思维。只有在思维时尽可能多地给自己提一些"假如…"、"假定…"、"否则…"之类的问题,才能强迫自己换另一个角度去思考,想自己或别人未想过的问题。

老师在教学中要多表扬、少批评,让学生建立自信,承认自我,同时鼓励学生求新。训练学生沿着新方向、新途径去思考新问题,弃旧图新,超越已知,寻求首创性的思维。

3.打破常规,淡化思维定势

法国生物学家贝尔纳说过:"妨碍学习的最大障碍,并不是未知的东西,而是已知的东西。"

有一道智力测验题,用什么方法能使冰最快地变成水?一般人往往回答要用加热、太阳晒的方法,答案却是"去掉两点水"。这就超出人们的想象了。

而思维定势能使学生在处理熟悉的问题时驾轻就熟,得心应手,并使问题圆满解决。所以用来应付现在的考试相当有效。但在需要开拓创新时,思维定势就会变成"思维枷锁",阻碍新思维、新方法的构建,也阻碍新知识的吸收。因此,思维定势与创新教育是互相矛盾的。"创"与"造"两方面是有机结合起来的,"创"就是打破常规，"造"就是在此基础上生产出有价值、有意义的东西来。因此，首先要鼓励学生的"创"，如果把"创"扼杀在摇篮里，何谈"造"呢？

4.大胆质疑，用疑问去思考

明代哲学家陈献章说过："前辈谓学贵有疑，小疑则小进，大疑则大进。"质疑能力的培养对启发学生的思维发展和创新意识具有重要作用。质疑常常是培养创新思维的突破口。

孟子说："尽信书不如无书。"书本上的东西，不一定都是全对的。真理有其绝对性，又有其相对性，任何一篇文章都有其可推敲之处，鼓励学生大胆怀疑书本，引导学生发表独特见解，这是提升学生创新能力的重要一环。在质疑过程中，学生创造性地学，教师创造性地教。质疑能将机械性记忆变为理解性记忆，让学生尝到学习、创造的乐趣。

反省思维是一种冷静的自我反省，是对自己原有的思考和结论采取批判的态度并不断给予完善的过程。这实际上是一种良好的自我教育，是学生学会创新思维的重要途径。

5.学会逆向思维，反向思考

反向思维也叫逆向思维，它是朝着与认识事物相反的方向去思考问题，从而提出不同凡响的超常见解的思维方式。反向思维不受旧观念束缚，积极突破常规，标新立异，表现出积极探索的创造性。同时，反向思维不满足于"人云亦云"，不迷恋于传统看法。但是反向思维并不违背生活实际。逆向思维可以启发引导学生从知识的正用转向知识的逆用，教会学生从反面去考虑问题，培养学生思维的灵活性、变通性和深刻性。同时，让学生学会逆向思维，还可以逐步培养学生逆向思维的意识。生活在顺境中的学生，通过逆向思维的训练，让学生学会从逆境中学习，逆境来临时不能失去斗志，应该逆流而上，去战胜它。体会逆境是我们最好的老师。

例如，教师给学生出了一个问题，怎样才能从狭小的椅子下面过去呢？同学们纷纷给出自己的答案，有的说趴在地上慢慢从椅子中间穿过；有的说让其他同学按住椅子，自己挤过去……最后有一位同学说，我举起椅子在头上过一下。教师非常欣喜，因为前面几位同学都是按照常规思维方式来思考这个问题，只有最后那位同学抛开思维定势的限制，从非常规的视角去分析问题，用非常态的方法去解决问题，也就是从完全不同的相反的角度去思考，即逆向思维。

可以通过一些题目来训练学生的逆向思维。

例1：一群牛的只数乘0.4后除以6，再乘0.4后除以6，正好是2。这群牛有多少只？

$2 \times 6 \div 0.4 \times 6 \div 0.4$

$= 12 \div 0.4 \times 6 \div 0.4$

$= 30 \times 6 \div 0.4$

$= 180 \div 0.4$

$= 450(只)$

答：这群牛有450只。

例2：有一只猴子，采回来一堆桃子。第一天吃了一半多一个；第二天吃了剩下的一半多一个；第三天又吃了剩下的一半多一个；接下来的每一天都吃了剩下的一半多一个，到第10天的时候剩下一个桃子（第十天没有吃桃子）。问这只猴子采回来多少个桃子？[1]

采用逆向思维来考虑这道题，从第十天着手考虑，依次往前推到第九天、第八天……第一天，此题将会很容易地得到解答。

第十天有桃子的个数：1

---

[1] http://bzr.teacherclub.com.cn/dts/blog/blog-study!show.action?id=3404419&trainingid=138&owner=1729743

第九天有桃子的个数：(1+1)×2=4

第八天有桃子的个数：(4+1)×2=10

第七天有桃子的个数：(10+1)×2=22

第六天有桃子的个数：(22+1)×2=46

第五天有桃子的个数：(46+1)×2=94

第四天有桃子的个数：(94+1)×2=190

第三天有桃子的个数：(190+1)×2=382

第二天有桃子的个数：(382+1)×2=766

第一天有桃子的个数：(766+1)×2=1534

即，这个猴子采回来1534个桃子。

从这两个例题来看，在解决某些问题时，采用逆向思维，可以取得意想不到的好效果。同时，在进行逆向思维训练的时候，教师也可以对学生进行人生观的教育。通过逆向思维训练和讲授，可以让学生了解，我们的人生不可能总是一帆风顺，有顺境也有逆境，逆境会使我们看到自己与别人的差距，看到自己身上的不足，并不断积累经验、积极向上，以摆脱困境。如果我们能够战胜逆境，找到解决问题的方法，最终我们会走向成功的人生。

第五节　学生非凡能力——创新能力的培养

一、创新能力的特点

什么是创新能力？如中国古代的四大发明、牛顿的天体力学、爱因斯坦的相对论、达尔文的进化论。从人类所创造的物质文明到精神文明，都是人类最高最美创造力的表现。

创新能力目前比较一致的定义为，根据一定的目的和任务，运用一切已知条件和信息,开展能动思维活动,经过反复研究和实验,产生出某种新颖、独特、有社会或个人价值的产品及智力成果。

创新能力有很多显著的特点:

1.创新性。前所未有的新颖性、与众不同、别出心裁、标新立异等都是创新能力(创造力)的写照。各行各业都需要创新,教育更需要创新。

2.普遍性。创造存在于人类活动的一切领域。

3.超前性。创造力是一种首创能力,永远超前于社会的认识。

4.艰巨性。创造力是一种与众不同的能力,创造的本身就不简单,加上社会认识的滞后性和创造主旨的社会性,创造活动确实是人类最艰巨的社会活动。在人类创造力表现的初期,往往被视为异端,遭到过残酷的扼杀和镇压,付出过惨痛代价。

5.实践性。创造力是一种实践能力,从实践中来,又必须接受实践的检验。

6.无穷性。创造力没有止境,没有权威,没有禁区。

经常听到教师或者家长在抱怨现在的学生的思想没有规矩,总是胡思乱想。比如说1+1等于几的问题,明明就是等于2,非得得出些莫名其妙的答案来。有的说等于3,因为1+1表示为,1只公羊加上1只母羊,后来生了1只小羊羔,所以等于3。还有的学生说1+1还是等于1,因为1种类型的羊加上同样类型的1种羊还是1种羊。有的学生更离谱,居然说1+1等于"王"字。

在教师和家长的眼中,似乎只有唯一一个标准答案,但是如果用创新能力来衡量学生们的答案,他们的答案中闪耀着创新的火花,这就是学生思维中最宝贵的部分——创新精神。

二、教师培养学生创新能力的策略

教师在培养学生能力中担负着重要责任。那么教师如何培养学生的创新能力呢?

(一)培养学生思维的独立性、求异性

家长和教师都想把学生培养成社会需要的创新型的人才。可是，如果学生身上真正具有一些创新的特点，家长和教师往往又很烦恼，因为这样的学生太不好管理了，在家里挑战家长的权威，在学校挑战教师和学校的权威。如果我们过多地限制学生的调皮、好动，往往就把学生创造力的萌芽扼杀在摇篮里了。所以，教师和家长，看到学生的调皮、好动，只要不出大格，就不要限制太多，让学生自由自在地去遐想、去活动、去创造，抓住时机点燃他们心灵中创新的火花。

1.允许学生保留意见和看法

在教师授课过程中，教师往往只给学生提供一种答案，这往往限制了学生的创新思维。一定允许学生有不同的答案，允许学生坚持自己的看法和答案。

家长也是，要给学生留有思考和活动的空间，不能限制过死。有一位妈妈买了一只名表，她儿子趁她不在，把表给拆开了，他妈妈把他痛打一顿。陶行知先生听说此事，和他妈妈交流时说："中国的爱迪生被打没了。"学生的创新精神是非常可贵的，无端的打骂会摧残学生的创新能力，强行中断学生感兴趣的事情，也很可能抑制学生的创新精神，使学生畏惧父母的权威而退回到保守。可见，淘气中常常蕴含着学生探索与创新的精神。

2.教师要提供解题思路和更多的答案

教师在教学中不要急于对学生不符合教师讲解思路的想法进行否定的评价，要先倾听学生的解题思路，然后教师可以提出参考解题思路及答案，让学生自己去分析、判断自己的思路和观点，只要认定自己的思路是正确的，就应该坚持。

3.教师可以要求学生敢于怀疑

每一种新思路和新观点的产生，都是对旧思想、观点的怀疑开始的。怀疑意味着求异和突破。如果没有哥白尼对于传统"地心说"的怀疑，我们就不会知道"日心说"。

所以，教师和家长要给学生提供一个民主宽松的环境。学生创新思想能否得到良好的发展，与教师设置的教学氛围、家长提供的家庭环境都有着密不可分的关系。

(二)发挥学生的主体作用

一堂好课成功与否，不在于教师讲得如何精彩、生动，而是在于教师和学生是否有互动，学生的主体性发挥的程度、课堂心理气氛如何，等等。

在课堂教学中，教师要不断提出富有思考价值的问题，步步深入，把学生的思维引导到开阔空间，不断提出富有思维碰撞的问题，从而引导学生在新知与旧知、已知和未知的矛盾冲突中去探索和发现。

(三)教师的教育理念要不断更新

课堂教学的创新活动的设计者是教师，教师必须首先具备创新的观念和思维品质。课堂教学创新观念的前提和基础是新型课堂观的形成和具备，而新型课堂观的形成又取决于教师教育观念的更新。更新教师的教育观念，极其重要。

(四)教师要善于利用外部条件，促进学生的创新

1.教师要懂得培养学生恒久的创新热情

美国专利局负责人在总结申请发明专利人的经验后指出，每一个男人、女人和孩子，都是一个潜在的发明家。他们中90%都曾经想要发明某种东西，只是大部分人的热情只能维持一个星期左右。的确，创新意识固然表现为探索，但这种探索的实质是"求是"，这种过程往往持续时间较长，要付出辛苦的努力，必须要有坚韧的精神去探索。学生的创新意识，往往只有三分钟热度，需要教师从小培养他们的坚持性、毅力和恒心。当学生遇到挫折时，教师和家长适当的鼓励和帮助还是相当必要的。

2.教师还要培养学生自信、豁达、正确看待成功和失败的态度

教师和父母本身要表现得自信，他们身心是否豁达，对于孩子创新意识影响很

大。当父母感到自信、不因为自己行为的与众不同而感到难堪时，他们的孩子也会有创新意识和良好的创造力。因为潜移默化的力量非常强大，他们的性格会影响对待孩子的方式，不会因为和其他家长攀比而强迫孩子去学习孩子不擅长的特长。教师同样如此，教师和家长应该帮助学生把害怕失败的心理压力减轻到最低限度，鼓励学生做自己喜欢的事情，不要过分注意他人对自己的评价，这是创新精神的推动力。

3. 多带学生走进大自然

大自然的花、草、树、木、水、鸟等都充满着无穷的魅力，是最能吸引学生之所在。大自然也是培养孩子观察能力、想象力最理想和自然的课堂。带学生走进大自然，引导学生观察自然界的环境，欣赏大自然的美，探索其中的奥妙，这对于创新精神的培养可以说是极其有利的。

（五）善于发现学生的原生能力、发散能力、随意发挥能力

与创新能力密切相关的能力有原生能力、发散能力、随意发挥能力。

原生能力是指能够想出别人不敢想、从未想过的事物或问题。人能够像鸟一样在天空飞翔，让你的声音穿过空气，飞过海洋，在大洋彼岸同时能听到你的声音，这些在当时看似绝对荒唐和疯狂的事情，正是由于发明家大胆的想象，使得当时被看作荒唐可笑的想法今天都已成为现实。

发散能力是基于一个事物或物体派生出许多其他的能力。例如，一只碗的用途，它可以喝水、做笔筒、养花、在里面画画、放热水捂手、用碗沿扣饺子皮、在关键时刻做武器等。在这种发散能力的培养下，创新能力也得到锻炼。

随意发挥能力是指思维的跳跃性，即从某一种事物所属范畴跳跃到不相关的其他范畴，在看似不相关的事物间寻找联结点。例如，举出一样红色的物品。如果答案是苹果，下一个问题可以是：苹果属于什么范畴？答案是：食品。除了苹果外

还有什么红颜色食品？答案：樱桃、草莓、西红柿。那还有什么是红色，但却不是食品的东西么？答案：救护车。救护车属于什么范畴？答案：紧急救护工具。还有哪些紧急救护工具？答案：……

整个过程中，从红苹果到紧急救护工具，看似两个毫不相关的事物，通过随意发挥的能力最终被联结在一起。

在教学中融入培养学生创造力思维、提高创造力的内容，在不同学科的课堂教学中，运用能启发、提高学生创造性思维的教学方法和手段，不仅能够提高学生的创造性思维能力，而且能提高教学内容的有效性，帮助学生学会识别并解决问题，以不同观点和角度来创造性地分析问题、解决问题，并能在不同的背景、情景、条件下将自己的观点表达出来。

案例2-12　另辟蹊径解决问题的美国数学课[1]

课堂回放：

一、抛出研究问题，激发学生的探究欲望

教师：我们已经学习了长方体和正方体体积的求法，哪位同学说说？

（同学回答略）

教师：长方体和正方体是形状很规则的物体，可是生活中有许多形状不规则的物体，你们说说有哪些？

学生：面团、胡萝卜、蔬菜、水果等。

教师：现在桌子上放着的这堆沙子有没有体积呢？

学生：有！

教师：这堆沙子的体积有多大就是本节课要研究的内容。

---

[1] 雷玲.课堂深处的精彩——中外教育对比赏析 [M].上海：华东师范大学出版社，2010；49-53.（案例取自：赵美荣，北京市通州区教师研修中心特级教师）

（出示标题：一堆沙子的体积有多大，大家先试着估算一下。）

学生1：1.5立方分米。

学生2：1立方分米。

学生3：10立方分米。

学生4：15立方分米。

……

教师：大家对这堆沙子体积估计相差很大，到底谁估算得比较准确呢？

学生：我们可以通过计算来验证谁估算得比较准确。

教师：通过计算来验证确实是个好办法，那么如何进行计算呢？

二、小组合作探究，体现集体智慧

教师：为了帮助大家求出这堆沙子的体积，老师为大家准备了一些工具，长方体和正方体的盒子、标有刻度的烧杯、可乐桶、铲子、直尺等。大家可以借助这些工具，也可以不用这些工具，只要能求出这堆沙子的体积就行。

学习小组活动提纲：

(1)讨论问题解决的方案。

(2)实施方案，进行测量。

(3)记录好测量数据。

(4)求出沙子的体积。（可用计算器）

小组活动开始后，教师深入各组与学生进行平等交流，交流时间大约为12分钟。

三、各组汇报交流，创新火花闪烁

方法一：

学生：把沙子装在一个长方体容器里，正好装满。测得长方体容器的长是19厘米,宽是8厘米,高是9厘米。于是求得这堆沙子的体积为19×8×9=1368立方厘米。

教师:为什么要把沙子装在长方体的盒子里呢?

学生:这样就把这堆沙子的体积转化为长方体的体积了。

教师:他们组巧妙地把这堆沙子的体积转化为长方体的体积,大家觉得怎么样?用这种方法时要注意什么?

(沙子的高最好从里面量,这样可以减少误差)

教师:还有哪组也想出了这种方法?

学生:我们组把沙子装在一个大长方体容器里,但没有装满,于是我们想出了两种计算沙子体积的方法:一种是直接量出长方体的长、宽和沙子的高,然后求出沙子的体积;另一种是量出长方体的长、宽、高和上面空出来的高度,再用长方体的体积减去上面空出来的小长方体的体积。

方法二:

学生:我们先把一部分沙子装进正方体的容器里,测得这部分沙子的体积为1×1×1=1立方分米(1000立方厘米),然后把剩下的沙子装进200毫升的烧杯中,不足两杯。得出沙子的体积为:1000立方厘米+200立方厘米+150立方厘米=1350立方厘米。

教师:你们采用的这种方法有什么特点?

学生:我们使用了正方体容器和烧杯两种工具,然后把三部分体积加起来,就求出了沙子的体积。

教师:他们组充分利用了烧杯上的刻度,把烧杯作为一种测量工具。最后把使用烧杯测出的沙子体积和使用正方体容器测出的沙子体积相加,也测出了沙子的体积。

方法三：

学生：我们用烧杯测量了7次，得出沙子的体积为$200 \times 7 = 1400$毫升$= 1400$立方厘米。

教师：你们采用的这种方法有什么特点？

学生：我们直接用烧杯测量，操作起来很简单。

教师：他们组利用烧杯上的刻度就算出了沙子的体积，非常巧妙。

方法四：

学生：我们利用可乐罐上的刻度也测出了沙子的体积。得出沙子的体积为$350 \times 4 = 1400$毫升$= 1400$立方厘米。

方法五：

学生：我们想出了另外一种方法，我们没有使用您提供的工具，而是把沙子堆成一个长方体，再测出沙子的长、宽、高，这样也求出了沙子的体积。得出沙子的体积为$20 \times 10 \times 7 = 1400$立方厘米。

教师：他们组在没有使用教师提供的任何工具的情况下，也求出了沙子的体积，这种方法很好。如果不堆成长方体，我们还可以堆成什么形状？（正方体、圆锥体、堤坝体等）

方法六：

学生：我们也想出了一种办法，但还没有实施。我们想把沙子装进一个塑料袋里，封好口之后，把塑料袋放进一个长方体水箱里，然后测量水的上涨高度，这样就能算出长方体的体积了。

教师：这种方法也很棒，课后我们可以继续探讨。

四、梳理归纳，总结提升

教师：我们已经想出了6种方法，大家能不能把这6种方法进行归类呢？

学生1：可以把利用长方体和正方体容器测量的方法归为一类，都属于转化体积。把用烧杯直接测量的方法归为一类。

学生2：堆成长方体的方法也属于转化一类。

学生3：放进水箱的方法也可以算作转化一类。

学生4：用正方体容器和烧杯两种工具测量的方法归为一类，因为它既有转化又有测量。

教师：说得很好！烧杯是什么形状？(圆柱体)沙子的体积可以转化为圆柱体的体积吗？(可以)你们还未学圆柱体体积的算法，却知道充分利用烧杯上的刻度，不愧为聪明之举。通过这节课的学习，你们有什么收获？

学生5：学会了求不规则物体的体积。

学生6：学会了用转化和测量的方法求体积。

学生7：我们组在没使用老师提供的工具的情况下，也求出了沙子的体积。这让我明白了在学习中要开动脑筋。

这位教师在讲解了长方体和正方体的体积、容积和表面积的算法后，安排了这样一次综合应用课。在这则案例中，我们感受到这位教师不仅在素材的选取和教学方式的运用上有独到之处，而且善于调动课堂气氛、开发学生思维。从中美教育比较研究的视角来看，这堂美国数学课有以下两个特色：

第一，让学生在非常规问题的解决中获得"大观念"和"大方法"。在教学过程中，我们可以让学生亲自去收集、甄别筛选、分析处理信息，然后再归纳结论。解常规题则是一种基础训练，学生在解常规题的过程中，使用的是已有的常规技巧，即"小方法"。我们既要让学生掌握"小方法"，也要让学生掌握"大方法"。该教师根据学生的年龄特点，巧妙地选择了"求一堆沙子的体积"这个非常规问题。在教学过程中，该教师先引导学生估算，在学生的估算结果差异很大的情况下，再引导学生进行科学探究，最后由学生总结归纳出转化和测量等解题方法。该教师不是把解题方法作为知识传授给学生，而是让学生在自主探索中去寻找多种解决问题的办法，这有利于学生创新能力、合作能力和探究能力的发展。

第二，在重视常规策略的基础上，发展学生的创造性思维。从中美教育的比较研究中我们发现，中国的学生善于使用抽象策略，而美国的学生则倾向于使用具体策略；中国的学生更善于使用常规策略解决问题，而美国的学生在策略的创造上有明显的优势。因此，我们有必要认真研究中美两国的课堂教学，以便取长补短，提高我国的教育水平。在本堂课上，该教师特意为学生准备了长方体和正方体的容器、标有刻度的烧杯以及可乐桶，引导学生利用工具来求出沙子的体积。另外，该教师还鼓励学生不用这些工具来解决问题，激发了学生的创造性思维，引导学生得出了多种解决问题的办法。该教师还抓住学生创造性思维的闪光点及时评价和点拨，使学生体会到了解决问题的成功和快乐。

案例2-13　崇尚创新、合作、自主的德国自然课[1]

课堂回放：

这是德国一所小学二年级的一堂自然课，在这堂课上，老师执教的是"物体在水里的沉与浮"。孩子们坐成半圆，中间放着一盆水，女教师就坐在黑板前的桌子上。老师问："我这里有一个乒乓球和一个玻璃球，猜猜哪个会浮上来，哪个会沉下去？"学生纷纷猜测。接下来，教师进行了演示，结果是乒乓球会浮上来，玻璃球会沉下去。一位学生把乒乓球和玻璃球的图片及对应的单词卡片分别贴到黑板的两边，一

---

[1] 雷玲. 课堂深处的精彩——中外教育对比赏析 [M]. 上海：华东师范大学出版社，2010：89-91.（案例取自：方方，浙江省浦江县教师进修学校）

边为"浮",一边为"沉"。接着教师把一个小布袋交给了一位女孩,要她取出里面的物品,并让同学猜测什么东西会沉,什么东西会浮。达成一致意见后,学生把相应的图片和单词卡片贴到黑板上。一会儿工夫,黑板上就贴满了图片和单词卡片。老师说,大家的猜测到底对不对还需要检验。于是学生四人一组开始活动,每组有一袋小物件和一盆水,学生将袋里的小东西放到水里试验,结果发现黑板上的不少分类是错的,于是纷纷跑上去纠正原先的分类。

正确答案出来了,这一环节似乎可以结束了,可是老师又让孩子们坐成一个大圆圈。老师问:"为什么有的物体会沉,有的物体会浮?"学生说:"这与材料有关,铁的东西会沉,木制的东西会浮。"老师走到中间演示,结果玻璃球一放进水里就马上沉下去了,而玻璃瓶子放进水里后是慢慢沉下去的。一个学生说:"玻璃瓶盖上盖子后就会浮起来。"一试,果真如此。老师问:"同样的材料,有的沉,有的却浮。这是怎么回事呢?"有学生说,这与物体的重量有关,重的东西会沉,轻的东西会浮。老师又来到水盆边,把橡皮泥捏成一个薄片,然后轻轻地往水里一放,发现原来很快下沉的橡皮泥竟然浮在水面了!老师又问:"同样材料、同样重量的东西,有的沉,有的却浮。这到底是为什么呢?"大家经过反复讨论和试验,最后得出结论:物体的沉浮跟空气有关。

从德国的自然课中,我们可以看到,教师把学习主人翁的地位还给了学生,教师是学生学习的引导者、合作者和帮助者。而学生在这个过程中是学习者,更是研究者。对学生而言,知识和技能固然重要,但求知的兴趣和科学的态度更为重要。

课后通过了解,在这所小学不管什么课都以活动为主,教师会想方设法让学生树立自信心、保持好奇心。该学校采取包班制,教师可以根据需要将语文、数学、常识三门主课融合起来,形成以项目为中心的教学模式。如"物体在水里的沉与浮"

就是一个综合学习项目。

"水的知识"中的内容。前一节课学生们学了"水有什么用处"，这一节课学生们学的是"物体在水里的沉与浮"，下一节课学生们将学习"什么东西在水里会溶化，什么不会溶化，怎样把溶化到水里的东西过滤出来"。接下来，学生们还要学习"水有哪些形态"、"什么东西会污染水，我们如何保护水源"。无论学习什么内容，主要的课堂活动都由学生自己来完成，而且教师把生词教学、常识教学以及环保教育等整合起来了。

这样的教材处理和教学活动组织是如此巧妙，以致我们不得不感叹教师的创造力。教师不仅是课程的实施者，而且是课程的开发者。教师的劳动是一种创造性的劳动，要培养创新型的人才，首先教师要有创新精神。

附录：美国小学一年级学生作业

学习内容：地图

相关方面和完成时间：学习和地图相关的词汇、写作，并要给地图画画、涂色，最后对世界地理形成一个基本的认知，在两周之内完成。

格式要求：每一个章节都有一幅画和自己写的几句话。

封皮

第1页，先介绍自己。

第2页，自己教室的地图，孩子要自己观察，然后画下来。教师要给孩子们讲述鸟瞰效果。

第3页，介绍自己的卧室。

第4页，介绍自己学校到家的路线，包括自己所在的社区。

第5页，介绍从社区扩大到自己所住的区县城市。

第6页，介绍从区县接着扩大到自己住的州(伊利诺伊州)。

第7页，介绍从自己所在州进而到整个美国地图。

第8页，介绍从美国到所在的大洲。

第9页，介绍由所在大洲引申到地球的七大洲，一个关于地图的学习就完成了。

第三章 学生幸福生活的能力及培养

第一节 学生维护身体健康能力的培养

一、学生幸福生活之身体健康必备指南

（一）每个人都应成为自己健康的主人

青少年儿童是家庭、国家和民族的未来，其身体健康问题备受社会关注。《中共中央国务院关于深化教育改革全面推进素质教育的决定》中提出："健康的体魄是儿童青少年为祖国和人民服务的基本前提，是中华民族旺盛生命力的体现……"但事实是处在转型期的当今中国，体质健康教育远比人们想象的要复杂和困难得多。我国学生从小学到中学，尽管体育课和体育活动从不间断，但连续四次的全国学生体质调查却发现，我国中小学生的体能素质、肺活量持续下降，肥胖或超重学生比率增长较快，近视率居高不下。此外，大约有65%的中小学生处于亚健康状态，有潜在的健康危险。同时，学校体育调查发现，学生的锻炼行为的养成率和巩固率很低，"知行冲突"在学生中十分普遍。面对如此尖锐的矛盾，我们需要深刻反思，并使中小学生认识到唯有自己才是自己健康的主人。

对于广大中小学生来说，首先要保证健康的身体，然后再有健康的心理，那么他们才能在学习、生活中感受到生活的美好，才能使学生度过快乐、充实、多彩的青春年华，为他们追求高质量的生活和高尚的人格提供坚实基础。

健康是每个学生自己都应该负有的责任，健康的生命首先取决于自己。世界卫生组织（WHO）曾经宣布，个人健康和寿命60%取决于自己，15%取决于遗传，10%取决于社会因素，8%取决于医疗卫生条件，7%取决于气候环境的影响，而取决于个人的因素中，行为生活方式是最主要的因素。在学生的日常生活中，如果能够注意自己的行为生活方式，将会减少求医问药的麻烦。

（二）中小学生常见的威胁健康的疾病

1. 近视

近视是青少年最常见的疾病，也可以说是一种身体缺陷之一，我国城乡中学生近视眼患病率高达50%以上，小学生近视眼患病率也在逐年上升，甚至幼儿园小朋友也出现很多"小眼镜"。近视对于青少年来说，不仅注意力的深度和广度会受到影响，更重要的是许多青少年因为近视失去了很多参与高科技领域研究的机会，例如，航天航空、精密仪器制造等。每年在高考时受到报志愿限制的原因，有60%—70%都是因为近视而起的。这对于学生个人、家庭乃至社会国家都是极大的损失。

近视是视力不良的一种，但它不等于视力不良，使用对数表来检查视力时，如果裸眼（不戴眼镜）的视力低于5.0，即为视力不良。引起视力不良的原因很多，有近视、远视、散光和各种眼病等。对于青少年来说，80%-90%以上的视力不良属近视。要确定是不是近视比较容易，在正规的医院和配镜中心，戴上度数低的近视眼镜，如果戴上后视力有所改进，那就是近视了。在家里如果拿到一张报纸，拿远了看不清上面的字，拿近了就能看清，这也能判定出就是近视了。不过，要真正确定自己是不是近视，近视程度多严重，应该佩戴多少度数的眼镜或用什么方式来治疗的时候，还应该到医院眼科，通过散瞳验光等方法才能最后确定。

有关近视眼发生的原因，概括起来有两种，一种是先天及遗传因素，另一种是后天不良习惯引起的。从防治青少年近视来说，我们更应该重视第二种后天不良习惯在近视发生方面的作用。如看书学习时的强度和时间、学习看书的姿势、学习看书的环境等。在学生人群中，学习时间越长、强度越大，近视率就越高；近视率随年级的增高而增高；有躺在床上看书习惯的近视率高；教室或者家庭学习环境采光照明条件不良也导致偏高等，这些都会对近视的发生有促进作用。

双侧眼中心远视力均在5.0及5.0以上者为视力正常，低于5.0者为视力不良，其中4.9为轻度视力不良；4.6-4.8为中度视力不良，4.5及4.5以下为重度视力不良。双侧眼中心远视力均为5.0称为边缘视力。凡远视力<5.0、近视力≥5.0称"近视状态"。若远、近视力都<5.0，可能是远视或其他眼病。

近视眼是多基因传染病，发生原因和影响因素多种多样。因此，保护视力、预防近视，应采取综合措施。

(1) 学校营造符合视觉光学要求的读书写字的环境，是防控近视的重要环节。

(2) 握笔姿势要正确。从学前儿童开始，就应养成正确的握笔姿势，食指和大拇指要相对自然握笔，不应有任何一指遮盖另一指和笔尖。保持"眼书距离一尺，胸桌距离一拳，手指距笔尖一寸"等。

(3) 课桌椅高低要与学生身高相匹配。课桌椅过高或过低，都会强迫学生的两眼靠近桌面上的书本，以增加眼的调节和集合，否则无法看清书本上的字。因此，课桌椅要与身高相匹配。

(4) 少年儿童的读物字体大小应符合少年儿童年龄特点。即年龄越小，字体应越大，文字与纸张背景的亮度对比应大些。尽量使用色深质软的铅笔。字体不应过小，以减轻眼的负担。

(5) 合理安排一日生活，缩短近距离的视物学习时间。①连续阅读、书写不要超过一小时。夜晚用台灯时要放在左上角，使用强光档。②每日可有3-4次向十米以外的远处眺望。③每天保证有一小时以上的课外体育活动。④认真做好眼保健操，家长要保障学生每天有8小时－9小时的睡眠。

（6）合理营养，不偏食，青少年正处在生长发育的阶段，应养成良好的饮食习惯，不偏食，不挑食，保证各种营养素平衡摄入，尤其应注意补充足够的优质蛋白质、钙、维生素、锌、铬等微量元素。精制糖摄取应有一定的限制。有研究发现，儿童过量吃甜食可降低巩膜弹性，导致眼轴伸长。

（7）看电视、上网时间不要过长。每看半到一小时应休息5分钟－10分钟。眼与电视屏幕面的距离应为电视屏幕面对角线长度的5倍－7倍，屏面高度应略低于眼睛，画面有良好的对比，亮度适中，不要完全关闭室内照明，应在视线的反方向开小灯。

（8）定期检查视力，以便早期掌握视力状况，根据情况及时治疗，以防止成为不可逆的真性近视。

2. 龋齿

龋齿是青少年最常见的疾病之一，也是世界范围内的疾病，联合国世界卫生组织认定，龋齿是对人类危害最大的常见病之一。我国政府规定，龋齿、近视、贫血、蛔虫、营养不良等六种疾病是近年来学校重点防治的常见病。

青少年得了龋齿，会因为牙疼而影响食欲，干扰咀嚼、消化和吸收功能，使身体得不到必需的各种营养。龋齿继续向深部发展，会进一步导致牙髓炎、根周脓肿等疾病，影响健康。龋齿对身体健康的影响绝不限于口腔部分，它是一个病灶，当全身抵抗力低下时，细菌和细菌毒素会通过血液向全身扩散。因此，龋齿可以说是风湿性关节炎、心脏病、肾炎等疾病的主要祸根之一。

龋齿是怎样产生的呢？病因其实比较复杂，归结起来是三类因素，即微生物（细菌和菌斑）、食物、宿主与牙齿三类因素的综合作用。这三类因素缺一不可，医生们称之为"龋齿致病的三联因素"。

细菌和菌斑。细菌的存在是龋齿发生的根源。口腔中的细菌很多，其中变形链球菌和乳酸杆菌等是导致龋齿发生的主要细菌。牙菌斑(由粘附在牙齿表面上的细菌和糖类食物残屑形成的)是这些细菌生存和致病的环境，细菌和菌斑相辅相成，共同在致龋中发生作用。

食物因素。致龋食物最主要的是糖类和点心，这些食物是产生龋齿的物质基础。糖会加速口腔里各种致龋细菌繁殖，并在它们的作用下分解成酸；点心(糕点、饼干、糖果等)特别容易滞留在牙齿的窝沟里，又容易发酵，是致龋齿的重要因素。

宿主与牙齿因素。这里说的宿主，就是青少年自身，机体全身和牙体的抗龋能力。正在旺盛生长发育(包括恒牙发育)阶段的青少年，如果患了传染病、结核或者消化吸收障碍，就可使蛋白质、维生素、钙、磷等生长要素缺乏，造成牙齿钙化不良、表面缺损等，有了这些缺陷的牙齿，患龋齿的可能性就比较大。氟、硼、锶、铁等微量元素缺乏，牙齿抗龋齿能力降低，其中尤以氟的作用最为明显。此外，青少年从小缺钙时，牙齿排列往往不整齐，食物容易滞留嵌塞，菌斑不易清除，也为龋病提供可乘之机。

预防龋齿主要是针对上述致龋的三类因素，采取综合措施，如加强体育锻炼，增强体质，积极防治各种疾病，合理营养，保证钙、磷、维生素、蛋白质的摄入，增强机体和牙齿的抗龋能力。特别提出的是，认真刷牙，它是保护牙齿、维持口腔卫生的最积极的手段，也是行之有效的防龋齿措施。

刷牙虽然容易，但是要科学刷牙，正确刷牙，还需要从小认真学习。

(1) 选择合乎要求的保健牙刷

刷头不宜过大，刷毛最好是软而细的优质尼龙丝(回弹力好、吸水性差易干燥、耐磨性强)，刷毛的顶端应选择磨毛、呈椭圆形的，刷柄要便于把握，过细过短都不适宜。若是符合上述四个条件的，就可称之为"保健牙刷"了。

(2) 刷牙方法要正确

刷牙的目的是清除牙菌斑、软垢、食物残渣与色素沉淀，保持口腔清洁，同时按摩牙龈，增进牙周健康。刷牙的方法有很多，无论哪种方法，牙齿各面均应刷到。

目前，我们提倡较多的是"水平短距离颤动刷牙法"（即巴斯法）。这种刷牙方法可以让刷毛伸入龈沟与牙邻面，对准牙菌斑最易附着的区域，短距离水平颤动，便可有效清除牙菌斑。用"巴斯法"刷牙的人群应注意以下要领：将刷毛置于牙齿和牙龈交界处，与牙面呈45度角，水平轻轻颤动，然后顺牙缝上下刷，面面俱到，不要遗漏；用刷毛的上端刷上下前牙内侧，牙齿的咬合面则要来回刷；最后别忘了刷舌头，使口气更清新。建议每天要刷牙两次，每次每个部位刷10次（来回5次），刷牙时间因人而异，但一般不应少于3分钟。

（3）含氟牙膏是首选

因为适量的氟化物可以降低牙釉质（俗称珐琅质）的溶解度，增强牙釉质晶体的结构强度，增强牙齿硬度，促进轻度脱矿牙釉质的再矿化，可起到预防龋齿的作用。不过，若人体摄入氟化物过多，会对健康有不利影响，为此建议3岁以下儿童慎用含氟牙膏，4至6岁儿童应在大人指导下使用，含氟牙膏的用量不宜过多，每次用量约为黄豆大小即可。

（4）正确刷牙步骤

①先刷牙齿外表面，将牙刷的刷毛与牙齿表面成45度，斜放并轻压在牙齿和牙龈的交界处，轻轻做小圆弧状来回刷，上排的牙齿向下、下排的牙齿往上轻刷，注意轻刷牙龈，适当按摩可促进其血液循环。

②刷牙齿咬合面

平握牙刷，力度适中，来回刷牙齿咬合面，保健型牙刷的动感刷毛可发挥不同部位的独特作用，分别深入清洁牙面及牙间缝隙。灵活纤薄的刷头，令难以触及的后臼齿也被清洁干净。

③刷牙齿内侧面

竖起牙刷，利用牙刷前端的动感刷毛轻柔地上下清洁牙齿内表面。

④轻刷舌头表面

由内向外轻轻去除食物残渣及细菌，保持口气清新。

在恒牙萌出后要到指定地点做免费的窝沟封闭。这是国家免费民生工程，对防止龋齿有着促进作用。

窝沟封闭是世界卫生组织向世界儿童推荐预防龋齿的有效方法。它不磨牙、无痛苦、无副作用、安全有效，是目前世界卫生组织向各国推荐的一种防龋方法。牙齿尚未发生龋坏者，做窝沟封闭可对牙齿进行全方位的预防保护。牙缝较宽、经常塞牙者同样需要进行窝沟封闭来预防牙齿之间邻接面发生龋坏。

儿童牙齿萌出后达到咬合平面即适宜作窝沟封闭，一般在萌出4年之内。封闭的最佳时间是乳磨牙3－4岁，第一恒磨牙6－7岁，第二恒磨牙11－13岁，双尖牙9－13岁。对口腔卫生不良的儿童，虽然年龄较大或牙齿萌出口腔时间较久，可考虑放宽窝沟封闭的年龄。

许多口腔疾病在早期是完全可以预防的，树立定期检查、早发现、早治疗、早预防的健康意识，将会使学生终身受益。所以，青少年应注意每年进行定期的口腔检查，做到早发现，早治疗。

3. 贫血

贫血是一种营养缺乏病，主要有缺铁性贫血和营养不良性贫血两种。在我国青少年中，因缺铁而引起的贫血占贫血总人数的90%以上。因此，平时讲的主要是指缺铁性贫血。

铁是生成血红蛋白的重要原料，缺铁性贫血是根据血红蛋白测定而确定的。血红蛋白要低到多少算贫血呢？根据联合国世界卫生组织制定的统一参考标准，14岁以上的男少年和成年男子，血红蛋白浓度为130克／升血液，14岁以上女子（非妊娠）为120克／升血液。一般习惯把贫血分为轻、中、重三度，即血红蛋白在90克／升到正常值以下为轻度；60克–90克／升为中度，60克／升以下为重度。据调查，我国青少年不论男女，贫血患病率虽高，但绝大多数属于轻度贫血。轻度贫血对身体危害不十分明显，中度以上的贫血会影响认知能力，使学习效率降低。同时，体力劳动能力不足，身体抵抗力降低，易患某些疾病，如易患呼吸系统疾病等。

青少年为什么贫血患病率高呢？一方面是因为生理上的原因。青少年生长极其旺盛，身体各种组织、器官迅速生长、发育和成熟，活动量也猛增，所以对铁的需求量很大；另一方面是因为膳食方面的原因，膳食摄入不足而缺铁。

要治疗缺铁性贫血，首先应查找有无引起失血的原因，例如，寄生虫病、女性月经不调等，去除原因才能达到根治的目的。其次，必须尽快增加铁的摄入量。短期内可以口服铁剂药物，但是最重要的还是要合理营养，增加膳食内铁的吸收率。

从膳食中尽量多地吸收铁，也即日常膳食如何选择食物以及注意吃的方式，是预防缺铁性贫血的中心环节，这里介绍几点防止中小学生缺铁性贫血的方法：

（1）家中炒菜做饭时尽量用铁锅和木铲或铁铲，切忌不能用铝锅或者铝铲子。

（2）各种食物所含铁的形式不同，吸收率也不同，应尽量选用富含铁且容易吸收的食物。

（3）维生素C是促进铁吸收的好"帮手"，茶叶、豆腐对铁吸收有限制作用。提倡饭前喝一杯橘子水或者吃一个生西红柿，饭后不宜马上喝茶或者咖啡，这样可以增加铁的吸收机会。

（4）尽快改正偏食、挑食的不良饮食习惯。

值得注意的是，纠正贫血要持之以恒，切忌操之过急。尤其是食用强化铁食品不宜过量，否则短时间内铁的摄入量过大，反而造成铁中毒，不利于身体健康。

4.体重超标

目前，在我国小学、初中、高中三个学段学生超重与肥胖的比例均在60%以上，表明有相当一部分学生饮食结构不合理，营养不均衡，缺乏锻炼或锻炼不够。而且三个学段的学生肺活量体重指数普遍偏低，达到"优秀"等级的学生人数极少，说明学生参加长跑等项目的锻炼不够。另外，中学生力量素质的项目测试结果尚可，但是握力水平普遍偏低。

超重青少年相比于正常体重者更易成为超重的成人，超重和肥胖都会增加导致身体不良健康后果的危险。在1997年国际肥胖委员会(IOTF)都柏林会议上，更是将儿童肥胖的含义从"具有危险性的肥胖"改变为"疾病的肥胖"，也就是把儿童肥胖正式确认为一种疾病。因此，青少年肥胖正在日益成为人们所关注的重要的公共卫生问题。然而，关于青少年超重和肥胖的筛查标准尚未取得广泛的一致，在国际上主要存在着美国国立卫生研究所世界卫生组织(NCHS-WHO)标准和国际肥胖委员会(IOTF)标准两大体系，这两个国际标准都是基于BMI建立起来的。以BMI为指标建立青少年超重和肥胖的筛查标准已经成为世界潮流。2003年，由国际生命科学学会中国肥胖工作组领导，北京大学儿童青少年卫生研究所经过科学论证[1]，制定了中国学生超重、肥胖BMI筛查标准，适用于7-18岁的中小学生，是我国学生营养评价的最新进展之一。

自20世纪70年代末以来，国内的社会经济状况发生了很大的变化，人们的物质生活水平提高很快，能量、蛋白质、脂肪以及其他各种营养物质的获取和摄入量有了很大程度的改善。但是，与之相应的合理营养、平衡膳食的科学知识相对匮乏，导致摄入与消耗的比例失衡，这是青少年超重和肥胖大幅度增加的主要原因之一。因此，应着重从健康教育入手，使人们真正理解平衡膳食和合理营养的含义及重要性，养成良好的膳食行为习惯，从而保证青少年健康地成长。

5. 性早熟

[1] 季成叶、孙军玲. 中国学龄青少年体重指数地域与人群分布差异的分析 [J]. 中华儿科杂志，2004(05):328-332.

符合以下条件之一，便可确定为性早熟：①男孩在9岁以前，女孩在8岁以前出现第二性征；②女孩虽然在8岁以后出现第二性征，但初潮发生在10岁以前。

性早熟对患儿的危害在于，性征的出现，尤其是女孩初潮出现，对尚未到达该阶段年龄的少年来讲，可能产生很大的思想负担和心理压力。由于不认识、不接受，而易于出现恐惧、怕羞、易激动。并由此可产生社会问题，同时也给家长带来精神上及生活照顾上的很大压力。其次，性早熟时由于体内性激素增加，骨骼生长加速，骨龄超前，骨骺过早融合，使得患儿身高在长至成年时均矮小。目前，家长对性早熟现象越来越重视。值得提醒的是，一旦学生出现性早熟，不能一概认为将来必是矮个子，这种看法是片面的。

性早熟有真性、假性、部分性早熟之分。因此性早熟有些是需要及时处理的，有些是不需要处理的。

假性性早熟是由于内源性或外源性性激素增多，使学生第二性征提早出现，生殖器也提早发育，个别甚至会阴道出血。但这些患儿血液中存在的高水平性激素，对下丘脑—垂体产生较强的负反馈作用，故此类型性早熟发生时，虽有第二性征出现，但下丘脑—垂体的生殖中心尚未启动，因此患儿并不遵循正常性发育规律发展，也不会产生生育能力。随着血中性激素水平下降，性征会自行消失或减退，这种类型早熟对骨骼发育影响不大，以观察为主。

部分性性早熟步见于乳房发育提早，一般不伴有其他性征出现，与高增长正常，骨龄与年龄相同或稍提前（往往在一年以内）。此类现象的出现，与下丘脑对体内性激素的负反馈调节尚未稳定有关，体内促卵泡生成激素、雌激素水平增高引起乳房发育。这种类型性早熟，早期对骨骼发育影响较小，但如果促卵泡生成激素、雌激素水平增高的时间较长，会使骨骼生长加速，骨骺融合提前。对于这部分患儿，应密切观察其身高增长情况，定期复查骨龄及血中性激素。有需要时做相关性激素检查,以便能及时识别是否会发展为真性性早熟。有小部分患儿,乳房增大出现在两周岁以前,个别在新生儿期,这部分患儿是由于母亲分娩时,新生儿吸入母亲产道中含有激素的分泌物或自胎儿期从母体血中获取了激素。由于大部分患儿随着月龄增大,激素水平会渐渐下降,因此一般不用治疗。

真性性早熟对患儿影响最大,也是家长们极为关注的。由于这类性早熟不仅有第二性征出现,出现初潮,而且会产生生育能力,因此影响最大。真性性早熟以女孩发生率高,其发生原因主要有:中枢神经系统的感染、外伤、占位病变及甲状腺功能低下。但在女孩真性性早熟中,约80%是找不出病因的,称为特发性中枢性性早熟。特发性中枢性性早熟,与环境类激素污染物、含性激素的食物以及社会心理因素等有关。环境类激素污染来自各种洗涤剂、化妆品、塑料制品。含性激素的食物,如各种营养滋补品、保健品等用于中老年体弱群体的营养物,被部分家长错用在小孩身上,并作为健康投资而长期让学生服食,致使性早熟出现。

具体来讲,造成和影响青少年性早熟的因素包括饮食、环境的影响。药物、饮食、皮肤接触等因素引起的性早熟通常称为外源性性早熟。造成青少年性早熟的因素有:

(1)遗传因素:骨成熟度受遗传因素的影响较大,早熟现象与遗传有关,父母发育早的,特别是母亲,学生出现早熟的几率也大,但并不代表所有人都会出现。

(2)内分泌疾病:如对夭折的性早熟学生做尸体解剖,发现一些性早熟的根源在于脑垂体、下丘脑或松果腺功能不正常。脑垂体、下丘脑或松果腺是主管人体发育的重要机构,它们通过分泌的激素来指挥人体的生长发育,如果它们分泌的激素过多,就会出现性早熟。还有的毛病出在性腺(睾丸、卵巢等)或肾上腺皮质上,如睾丸、卵巢或肾上腺皮质上长了肿瘤,致使性激素分泌过盛,就会出现程度不同的性早熟。

（3）营养因素：青少年生长发育中的早熟现象与饮食习惯、营养过剩有密切关系，比如学生营养过剩，经常吃油炸类食品，特别是炸鸡、炸薯条和炸薯片。过高的热量会在儿童体内转变为多余的脂肪，引发内分泌紊乱，导致性早熟；而且，食用油经反复加热使用后，高温使其氧化变性，也是引发"性早熟"的原因之一。每周光顾洋快餐两次以上，并经常食用油炸类膨化食品的儿童，"性早熟"的可能性是普通儿童的2.5倍。

（4）药物的作用：各类营养保健品大量进入家庭的日常生活，有些家长想让学生长高，如服用生长素等类药物。由于盲目地用药，过量服用含有激素营养保健品等，必然会促使青少年性生理发育提前。使用过激素类药物，吃过营养补剂。儿童因误服含雌激素或雄激素活性制剂后，可出现同性或异性性早熟、乳房增大、阴道出血等症状，停药后症状消失。可入药的大补类食品包括冬虫夏草、人参、桂圆干、荔枝干、黄芪、沙参等。尤其广东人，喜以药膳煲汤。中医指出，越是大补类的药膳，越会改变学生正常的内分泌环境，造成身心发展的不平衡。市场上出售的家禽，绝大部分是吃拌有快速生长剂的饲料喂养的，禽肉中"促熟剂"残余主要集中在家禽头颈部分的腺体中。由此，爱吃鸭颈、鹅颈，就成为"促早熟"的高危行为。反季节蔬菜和水果，如冬季的草莓、葡萄、西瓜、西红柿等，春末提前上市的梨、苹果、橙和桃，几乎都是在"促生长剂"的帮助下才反季或提早成熟，一定要避免给10岁以下的儿童食用。

（5）心理因素：心理因素也会影响生长发育，青少年性生理发育的不断提前是自然因素与社会因素相互作用的结果。大众传媒的日益发达是导致城市青少年性生理发育提前的一个主要因素，电视、网络、录像等各种媒体中透出的性信息不断刺激和影响着青少年的心理，反过来又会作用于其生理发育，促使他们发育提前、性早熟。临床观察证明，精神受过严重刺激的青少年，不但容易患各种疾病，而且生长发育迟缓，未老先衰。

（6）环境因素：以环境基本因素中自然环境和气候条件、地理环境对生长发育的影响为例，一般来说，热带和温带的青少年骨发育、性成熟较早。生活在热带地区的人其青春期来得早些，住在寒带的人其青春期来得较晚。我国少儿的发育有北高南低的趋势，这种趋势，除了与食物品种有关外，还与气候环境、地理位置、光照时间等因素有直接的关系。此外还有化学污染因素，比利时研究人员最近对杀虫剂残余对人的影响得出了新的结果，指出"杀虫剂可能影响到青少年的青春发育期提前"。为了杀灭害虫，保护作物，各国都在不断地大量使用化学杀虫剂。因此青少年的早熟现象可能也和环境有关。

真性性早熟对患儿的影响，随患病的病程长短、病情轻重以及开始获得治疗的年龄不同而不同。因此如能及时到专科医院做检查，正确诊断，抓紧时机治疗，可望把影响减到最小。[1]

（三）学生特殊阶段——青春期的生理卫生问题

1. 痤疮

痤疮，又名粉刺，俗称青春蕾或青春疙瘩，是青少年常见的生理现象。一般男性比女性多见，好发于颜面部、上胸部和背部。痤疮并不影响健康，但因为影响面容美观，往往使青少年感到烦恼。

引起痤疮的原因是什么呢？

人的皮肤里有皮脂腺，皮脂腺能分泌油脂一类的东西，分泌量的多少受内分泌的控制和调节。青春期时，由于雄激素分泌多，使皮脂腺的分泌大增，皮脂堵塞在毛囊口不能畅快地排出，于是形成一个又一个的小白点，鼓起在皮肤表面上，这就是粉刺名称的由来。以后小白点的顶端被空气氧化而变黑，所以又有黑头粉刺之称。

---

[1] 国家教委职业技术教育司组编. 学生健康指南 [M]. 北京：九州出版社，1997.

这些粉刺很容易引起局部发炎，形成脓疱，脓疱一旦破溃，炎症会自然消失而形成瘢痕，这时脸上便出现凹凸不平的小丘，面容皮肤的光滑美观就受到影响了。

痤疮一般不需要特别治疗，大约25岁以后，症状慢慢减轻和自然痊愈。但是，要特别注意妥善处理，否则会留下瘢痕。要注意以下几个方面：

（1）避免情绪焦虑和紧张，保持乐观愉快的情绪，要认识到痤疮是可以自愈的一种暂时性生理现象。

（2）保持皮肤清洁，常用温水洗脸，避免用碱性大的肥皂，不用多油脂和刺激性强的化妆品，避免油脂进一步堵塞毛囊，使痤疮加重。

（3）洗脸时可以用毛巾轻轻擦皮肤，让淤积的皮脂从皮肤排出，但绝对不能用手去挤、掐、挖粉刺，这样做容易发生感染，形成脓疱和瘢痕。

（4）平时多食含维生素A、C、E和纤维素的食物（如蔬菜、水果等），饮食要清淡，少吃甜食和油腻食物，少吃或不吃姜、蒜、辣椒，少饮浓茶、咖啡等刺激性饮料，不吸烟，不酗酒，保持大便通畅。

（5）如果局部有感染现象，可适当用些硫磺、硫酸锌等外用药，也可较长期的小量口服消炎药，如果症状严重，也可用小量雌激素短期治疗。有人研究用中药苦杏仁数个碾成细粉，加鸡蛋清调成糊状，晚间涂上，清晨洗去，4天为一个疗程，亦有一定的疗效。

必须强调的是，任何一种治疗都必须在医生的指导下进行。

2. 月经期卫生

女性在月经初潮后半年到1年时间内，月经周期不太规则，在生活环境和情绪突然变化时也容易出现月经失调现象，如月经量或多或少、经期提前和推迟以及痛经等。一般在短期内能够恢复常态。如果闭经或经期延至11天以上和出血量过多时应及时到医院诊疗。

在月经期间，身体会出现一些变化，如轻微下腹痛，容易疲劳，尤其是月经期由于子宫内膜脱落，血管破裂未愈合，形成了一个"伤口"，加上子宫口微微张开，不利于细菌生长的阴道酸性分泌物被经血冲淡等原因，一旦病菌侵入就容易引起疾病，因此，月经期要特别注意卫生，具体要注意以下几个方面：

(1) 经常更换卫生巾。月经期间要使用卫生合格的卫生巾，最好在超市里买品牌卫生巾，千万不可用废布、破布等，以免引起感染，发生炎症。夏季温度较高，细菌容易繁殖，要经常更换卫生巾，一天不低于6次，其他季节也不应低于5次，避免细菌繁殖，引发感染。

(2) 保持外阴清洁。每天要用洁净的温水洗外阴，洗的时候要从前向后洗，不要从后向前洗，以免把肛门附近的细菌带到外阴部。月经期间不要洗盆浴或坐浴，可以洗淋浴或擦澡。清洗阴部的盆、毛巾和洗脚的盆、毛巾要分开，不要和别人共用，当自己或家里人患脚癣时更应做到这一点，否则可能引起霉菌性阴道炎。

(3) 要注意保暖。月经期间要注意保暖，尤其要保护下身，不要坐在阴凉潮湿的地方，不要淋雨，不要涉水，更不要游泳，杜绝在经期吃生冷食品和饮料。保暖有利于经血通畅。

(4) 不参加剧烈运动和重体力劳动，避免经血过多或经期延长。一般体育活动和家务劳动等仍应照常进行。

(5) 注意营养和睡眠。多吃些有营养易消化的食物，多喝开水，保持大小便通畅。少吃辣椒等有强烈刺激性的食物，以防止引起了宫充血，经血过多。注意休息和睡眠，不要过度劳累。

(6) 要心情舒畅。来月经是正常生理现象，不要认为这是"倒霉"的事，心情要开朗，情绪要稳定，如果精神紧张和情绪波动会影响经期和经量。

3. 男性外生殖器卫生

外生殖器卫生是男青少年的"盲区"，学校、家庭、社会教育中很少传授这方面的知识，致使很多人并不知道为什么男性的外生殖器也需要清洗，我们从以下三个方面分析一下需要清洗的理由：

（1）男性外生殖器是阴茎和阴囊。阴茎分阴茎头（也叫龟头）和阴茎体两部分，阴茎头和阴茎体交界处称冠状沟，冠状沟处有上翻的包皮（如果到了青春发育阶段，包皮仍然把阴茎头全部包住，根本无法向上翻，便称为"包茎"，如果能够向上翻起，而不能使阴茎头常露出的，叫"包皮过长"）。脱落的上皮细胞、包皮内腺体分泌物、尘埃和尿液蒸发后的残余物可积聚在包皮里形成包皮垢，包皮垢对阴茎头有刺激性，容易发生炎症。有包皮过长或包茎的人，由于包皮紧紧包住阴茎头，产生的包皮垢更多，危害性更大。据最近对某地区9所大、中、小学5172名7岁到22岁的男生外生殖器专科检查结果发现，男性青少年的包茎患病率为10.09%，包皮过长患病率为67.7%。其中包茎患者都有龟头炎症，包皮过长者中有87.45%有龟头炎症，很多患者包皮内成了藏污纳垢的场所，有些则因长期炎症造成粘连。有研究查明，包皮垢有致癌作用，可引发阴茎癌，同时，不洁的外生殖器婚后可诱发配偶的生殖器疾病的发生。

（2）阴囊是保护睾丸的重要组织，它的皮肤表面有丰富的汗腺，经常分泌汗液，如果长期不清洗，在汗液的刺激和皮肤表面细菌的作用下，会使阴囊感染发炎。长期汗液刺激也是形成阴囊湿疹的重要原因。

（3）肛门每天排出粪便，总有少量粪便残留在肛门口，粪便内的细菌很多，温暖、湿润的会阴部就成了细菌良好的繁殖场所。

由于以上原因，所以男青少年也要经常清洗会阴部。每周至少用温水清洗一两次。清洗时应注意先洗前部的阴茎、阴囊，尤其注意清除包皮内的污物，然后再洗后部的肛门，使这些部位保持清洁卫生。

有包皮过长和包茎的青少年应请医生检查一下，看是否需要进行手术（手术比较简单，没什么痛苦）。

4. 遗精

男性熟睡时从尿道排出乳白色黏性液体叫遗精，是一种生理现象。青春期开始后，男性的睾丸不断产生精子，附睾、精囊、前列腺等不断分泌各种分泌液，精子和分泌液共同组成精液，精液的成分中水分占90%以上，其余为蛋白类物质。精液逐渐积累增多而排出体外，"精满而自溢"是遗精的生理基础。

青春期后每一个男子都能发生遗精，然而有些人对遗精有紧张恐惧心理，有些人听信了"一滴精一滴血"的说法，把精液看得特别宝贵，认为遗精会损伤"元气"，影响健康，这是缺乏科学根据的。人们每次排精只不过3毫升—5毫升，丢失这一点点水分和蛋白类物质又怎么能影响健康呢？

遗精的间隙时间，每人长短不一。多数是每月一两次或两三次，也有短至三五天一次的，都属正常范围。如果出现频繁（隔1—2天或一夜发生几次）遗精时要分析一下原因，一般与学习生活过度紧张、手淫和容易对与性有关的语言、文字和声像等刺激的敏感有关。

防止频繁遗精的主要措施是合理安排学习生活，劳逸适度，临睡前不要大量喝水，不要过度兴奋，也不要看有言情刺激的小说。可作些轻松的体操和散步，争取很快入睡。内裤要宽松些，床铺不要过暖过软，被子不要盖得太厚。睡觉姿势最好是侧卧，因为仰卧睡觉容易刺激外生殖器。日常要加强锻炼，增强体质。必要时也可请医生检查诊治。

5. 手淫

手淫是指用手玩弄生殖器，以达到自我发泄性欲、获得一种性满足的动作。男女青少年都可以发生，据调查约70%以上的男青年、40%以上的女青年都有过这种行为，可见手淫在未婚青少年中是相当普遍的。怎样正确认识手淫问题呢？

医学研究表明，一般手淫对人体健康并没有什么危害，人体不会由于丢失少量的精液而致虚弱，也不会由于手淫而得病，更不会影响结婚后的性功能。应该认识到，手淫是青少年在青春发育后的一种正常的性冲动的表现，未婚青少年发生手淫，从性生理、性心理发育的角度来说都是可以理解的。有些青少年在手淫后产生羞愧、追悔心理，甚至产生恐惧感、犯罪感，形成沉重的精神负担，极少数青少年精神萎靡、意志消沉，甚至丧失生活的信心，这是完全没有必要的，一定要减轻和消除这种心理压力。

长期过度的手淫，对身体健康不利。手淫时全身尤其是中枢神经处于高度兴奋状态，对体力有一定消耗，会感到全身松软疲乏，男青年有过度手淫习惯可引起滑精（白天不知不觉中精液泄漏出来）、阳痿等，女青年有过度手淫习惯可引起腹部充血，发生痛经甚至月经不调。此外，长期的精神心理负担也会影响健康。

青少年正处于长身体、长知识的时期，手淫虽不是什么恶劣行为，但毕竟会分散自己的精力。因此，有手淫习惯的青少年应该振作精神鼓起勇气，尽量避免手淫。做到这一点的关键是要有坚强的毅力，用意志和毅力约束自己的行为。同时要充实个人的精神生活，多参加课余文体活动；避免阅读黄色书刊和影视录像等；注意睡眠卫生；保持外阴清洁。男青年包皮过长时，可到医院去做切除手术，避免刺激外生殖器。总之，只要下定决心，切实注意以上事项，手淫的习惯是一定能够纠正的。

最后，以我国著名医学家吴阶平在谈到青少年对待手淫习惯应持的基本态度时所讲的一段话作为小结。他说："不以好奇去开始，不以发生而烦恼，已成习惯要有克服的决心，克服以后不要再担心，这样便不会有任何不良后果。"

6. 神经衰弱

神经衰弱是神经官能症的一种，也是青少年中常见的卫生问题，据1985年对全国12万余名20—23岁大学生的调查结果,总检出率为20.23%,而且往往是年级越高,检出的人数越多。

神经衰弱的表现多种多样,最主要的有以下几个方面:①易兴奋:学习、交谈、文娱活动都引起精神兴奋,注意力不能很好集中,不能很好控制情绪,对周围强光、噪音、拥挤等都比较敏感,常因此而迁怒于别人,但吵完后又感到内疚;②易疲劳:看书时间稍久就感到头痛、头昏和脑子发木,因此,读书抓不住中心意思,记忆力减退,学习效率明显下降。③易头痛:头痛没有固定部位,常感昏昏沉沉,学习时加重,睡后明显减轻。④易失眠:主要是入睡困难,易惊醒,醒后再难入睡。青少年常诉说自己梦多且大多是噩梦,所以睡不好,睡了也不解乏。⑤植物神经性功能紊乱:大多有厌食、便秘、月经不调、遗精等症状,还有心慌、心跳、血压偏高或偏低等表现。当然,不是每一个神经衰弱的人都有以上各种表现,有的可能有一两项,有的可能有两三项,各人情况不同。是否真患了神经衰弱要由医生诊断确定。

为什么会发生神经衰弱呢?主要是长期过度的精神紧张。有的青少年在过重的学习负担下,连续加班加点,开夜车,牺牲休息时间,用脑过度而又休息恢复不好,造成过度的学习疲劳。也有的青少年长期担心学业成绩、升学就业等问题而产生沉重的精神负担或思想矛盾,一旦矛盾得不到妥善解决,于是就容易发生神经衰弱。

关于神经衰弱的防治问题,关键是要针对其主要病因——学习疲劳而搞好用脑卫生,切实合理安排生活作息制度。

(1)学习时间每日不超过8、9小时;改善学习方法,提高学习效率,避免加班加点、开夜车;

(2)保证充足睡眠(每天睡足8小时);

(3)注意每天有一定时间参加课外活动和体育锻炼;

(4)一日三餐定时定量,膳食中注意多吃有利于脑的发育、促进脑的代谢的优质蛋白质(如鱼、蛋、豆及豆制品等)和蔬菜水果等。

青少年应该努力培养自己的坚强意志,乐观开朗的性格,树立正确的人生观,正确地对待学习、生活中遇到的各种困难和挫折,这可以说是预防神经衰弱的根本性措施。个别患有较严重神经衰弱的青少年要在医生指导下,消除思想顾虑和紧张情绪,必要时可采取变换环境、生活方式,直至采取休学的方法,以便从较严重的精神压力下解脱出来,同时适当地辅以药物治疗。

7. 神经性厌食

有的青少年,尤其是女青少年,为了"苗条"的身体,追求所谓的体型美而节制饮食。她们不吃鸡、鸭、鱼、肉、蛋、奶,不吃动物性食物,怕吃这些食物引起体重增加,同时主食也吃得很少。时间长了食欲日渐下降,看见食物就有恶心的感觉,最后发展到拒绝一切饮食,这些就是神经性厌食者的典型表现。

神经性厌食多由于特殊的心理状态而致进食量减少。女青少年比男青少年多见,据统计女性是男性的10~20倍,青春期女性有1%~3%患有此症,而且近年来有逐渐增多的趋势。

患此症的青少年由于进食量明显减少,体重不断下降,造成身体衰弱、肌肉萎缩、心率变慢、血压降低,还有的因为营养不良而使皮肤粗糙,毳(cu)毛增多,有的引起闭经等。此外,还可能出现一些精神症状和行为失常,如不及时纠正和治疗将导致严重的后果,甚至死亡。

如何诊断神经厌食症呢?一般有以下几项参考指标:①年龄在25岁以下的女性;②有学习过度紧张、慢性事件刺激等诱因;③厌食,每天进食量少于150克及体重比原来降低20%以上;④有严重的营养不良表现;⑤没有其他使体重严重减轻的身心疾病。

对患有神经性厌食的青少年,主要是心理治疗,要耐心劝说,精心护理。鼓励病人少吃多餐，吃营养丰富的食物，用行为矫正方法纠正其拒食或少食的行为。为了预防神经性厌食症的发生，日常要对青少年进行健康教育，引导他们建立正确的审美观，追求健康美而不是"形体美"。

二、学生养成维护身体健康的能力

(一)养成良好的饮食习惯

1. 合理的膳食结构

中国营养学会根据我国实际情况于1989年制定提出膳食指导原则，使我们能够按照各自的消费水平和食物供应情况调配自己的一日三餐，使之尽可能符合每日膳食中营养素供给量的要求。这一膳食指南是根据营养学原理、以保证身体健康、减少与膳食有关的疾病为目的而提出的。

(1)食物要多样

从上面的内容中我们了解到，人体所需要的营养素有蛋白质、脂肪、碳水化合物、维生素、矿物质。这些营养素在身体内的生理功能各不相同，但都是必需的，缺乏或过量都会给正常的生长发育和身体健康带来影响。因此，人体摄入的各种营养素必须均衡。

人体每天是从各类食物中来获取所需要的营养素的，经常吃的食物有五大类，各类食物的营养价值及所提供的营养素不同，任何一种单一天然食物都不能提供人体所需的全部营养素。因此，适宜的膳食必须由多种食物组成，才能达到平衡膳食的目的。

我国的膳食以植物性食物为主，动物性食物为辅，能量来源以粮食为主。这种膳食结构是最好的，应当继续保持。但是，近年来由于生活条件的提高，有的同学盲目追求西方膳食，经常吃西方的快餐，并以此为时尚。岂不知正是西方那种高脂肪、高热能的膳食模式，使其心血管疾病、糖尿病、癌症的发病率、死亡率远远高于我们国家。应合理安排自己的饮食，不要摄入过多的动物性食物。那么每天各类食物应该吃多少呢？大家可以从食物金字塔中找到答案。

(2)饥饱要适当

每人的进食量可以自身调节，当食欲得到满足时，能量需要一般也可以满足，体重得以维持正常。当营养不足或病后康复时，进食量相应增加，以补充机体所需营养，恢复体重。

因此要饮食适度，饥饱适当，达到营养适宜的程度，使能量和蛋白质的摄入与消耗相适应，避免身体超重或消瘦。太胖或太瘦都不利于人体健康，维持正常体重非常重要。经常称重是衡量饮食是否适度的常用方法。

(3)油脂要适量

要避免吃太多的脂肪，特别是含饱和脂肪酸较多的动物脂肪，因为吃过多的饱和脂肪酸会增加血液胆固醇的含量，它是冠心病发生的主要危险因子之一。

我国城市中学生脂肪的摄入量已达到总热能的25%以上，因此要注意控制含脂肪多的动物性食物的摄入量，不应该再盲目增加了，以预防冠心病的发生。而对农村贫困地区的同学来说，还应当适当增加动物性食物的摄入量。

(4)粗细要搭配

人体内消化酶分解的膳食纤维对身体健康很有益处，它们在人体内不但能刺激肠道蠕动，减少慢性便秘，而且对心血管疾病、糖尿病、结肠癌等有一定预防作用。

随着生活条件的改善，由于缺乏营养知识，有些人片面地追求加工制作过于精细的食物，结果白白浪费了对身体健康有益的纤维素。因此，每天要多吃一些含膳食纤维较丰富的食物，如粗粮、杂粮、豆类、蔬菜、水果等。

(5)食盐要限量

食盐含钠和氯，这两者都是人体必需的营养素。但是，摄取过多的钠盐是高血压的重要危险因素之一。高血压是一个遍及全世界的问题，医学研究发现，高血压的发生与食盐的摄入量呈正相关，即食钠盐量越大，高血压的发病率愈高。如果高血压患者严格限制钠摄入量，将有利于高血压的下降，因而食盐不宜多吃。

中国人日常膳食中食盐的用量较多，平均每人每日消费量为15克~16克。为了预防高血压，每人每日食用量以不超过10克为宜。

预防高血压要从儿童青少年做起，从现在做起，从小养成良好的饮食习惯，减少食盐的摄入量，我国的膳食指南所说的"食盐要限量"就是这个道理。

(6)甜食要少吃

多吃食糖最重要的问题是引起龋齿，龋齿的发病率与食糖的消费量呈正相关。食糖是纯能量食物，除提供能量外几乎无其他营养素。为了保护牙齿，应尽量少吃糖。

(7)饮酒要节制

经常饮用高度白酒，会使食欲下降，食物摄取量减少，以致发生营养缺乏，如维生素B_1缺乏，将使食欲不振，从而影响体格和智力的发育，严重的还会产生酒精性肝硬化，危害生命。因此青少年要严禁喝酒。

(8)三餐要合理

建立合理饮食制度，切忌暴食暴饮，提倡少吃零食。每天都要安排好一日三餐，每餐的能量分配以早餐占全日总能量的30%、午餐40%、晚餐30%较为合适。要吃早餐，并且吃得好一些，因为上午的学习比较紧张，营养不足就不能坚持。

2.选择每日食物的指南——食物金字塔(见下图)

我们都听说过埃及著名的"金字塔"，而与我们健康密切相关的是"食物金字塔"。

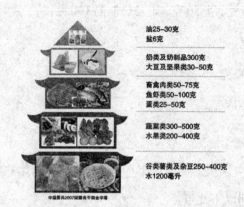

中国居民2007版膳食平衡金字塔

"食物金字塔"由四层组成,第一层是由谷类食物(如米饭、面包、馒头、面条等)组成,每天应该吃得最多。第二层是蔬菜和水果,每天要吃得多一些。第三层由肉、蛋、奶、鱼、豆腐构成,每天应吃得适量。第四层的是油和糖,每天应吃得最少。应该按照"食物金字塔"的比例来选择食物,要保证品种多样化,将各类食物搭配着吃,即达到均衡膳食。这样才能满足生长、发育的需要及保证身体健康。

从"食物金字塔"的结构上可以看出,在这上面没有营养滋补品的位置,因为它不是人体所必需的,对提高智力并没有多大的作用,所以不要盲目地去购买营养滋补品。最好去购买天然的营养丰富的食物(如牛奶、鱼、豆制品、蔬菜和水果等),从每日三餐中得到人体所需要的营养。

(1) 6—12岁(小学)平均每天选择食物的参考量

第一类食物:米饭、馒头、面条、玉米、红薯375克;

第二类食物:肉75克,鱼虾类25克,蛋50克,奶及奶制品100克;

第三类食物:大豆及其制品75克;

第四类食物:水果75克,蔬菜250克;

第五类食物:食用油15克~25克。

(2) 13—17岁(中学)青少年每天选择食物的参考量

第一类食物：米饭、馒头、面条、玉米、红薯500克；

第二类食物：肉100克，鱼虾类25克，蛋50克，奶及奶制品100克；

第三类食物：大豆及其制品150克；

第四类食物：水果100克，蔬菜300克；

第五类食物：食用油15克，食糖10克。

3.注意饮食卫生

为了保证身体健康及预防传染病、食物中毒的发生，应该注意饮食卫生，养成良好的饮食习惯。在日常生活中应做到以下几点：

(1)饭前便后要洗手；

(2)不吃腐烂、不洁、变质的食物，不饮不洁生水；

(3)剩饭菜要彻底加热后再食用；

(4)不吃超过保鲜期的食物；

(5)生吃瓜果、蔬菜和做凉拌菜时要把原料洗净；

(6)少吃油炸、熏烤的食物；

(7)不要吃发芽的土豆；

(8)不要生吃水产品；

(9)四季豆要做熟后再吃。

(二)体育锻炼是促进健康的积极措施

许多人都已熟知"生命在于运动"这句名言。经常参加体育活动，坚持锻炼，可以提高人体免疫力和抗病能力，强筋健骨，促进心肺功能，加强新陈代谢与血液循环，调节心理平衡与增强适应能力，并可益寿延年。体育锻炼作为一种文明健康的生活方式已被越来越多的人所了解和接受。

1.体育锻炼对人体健康的作用

在营养良好的条件下，适当的体育锻炼、体力劳动锻炼可以促进生长发育和健康。体育锻炼可以促进新陈代谢。体育锻炼增加了能量消耗，从而刺激机体加强摄食、消化、吸收与合成，使能量恢复超过能量消耗，通过物质积累，促进生长发育。长期参加运动可以使肺活量和胸围增加，使全身血流量增加，心脏每次搏动所输出的血液量增多，安静时心率下降，血管弹性增加，从而促进心血管系统发育和呼吸功能。长期运动可以使肌肉纤维变粗，骨骼增粗、增长，密度增高，并促进身体成分的合理调整以及使动作更加协调、灵活、均衡。锻炼可刺激生长激素等分泌增多，促进生长突增幅度更大，身高、体重增长更快。锻炼还可以提高机体免疫功能和抗病能力，促进人际交往和心理良好发育，调节和稳定情绪，并增强人体对环境的适应能力。

体育锻炼对大脑工作能力也有积极的影响。早在上一世纪生理学家就发现，大脑疲劳后可以通过适当体育运动，来加速疲劳的恢复，其效果往往比安静休息方式更快、更好。因而体育运动又被称为活动性休息(积极性休息)。学习活动中长时间用脑，由于伏案静坐，心肺的摄氧功能会逐步降低，而大脑的紧张思考，对氧气和养料的需求却有所增加，两者造成脑细胞摄取氧气及养料相对缺乏，脑细胞工作能力和效率下降，人会感到脑子发木，不听使唤，理解力和记忆力也都降低。此时，可以进行一些运动量和强度不太大的体力或健身活动，促进血液循环和呼吸，并使负责紧张思考的脑细胞得到休息，而负责运动的脑细胞进入兴奋状态，从而有助于缓解脑力疲劳。运动时愉快的情绪也对消除大脑细胞和身体疲劳、恢复脑的工作效率起着良好作用。学习间隙的短时间运动，就可以使已疲劳的视觉和听觉的感受能力升高30%。活动性休息的形式很多，仅选几种供大家参考：

(1)多做口腔运动。科学家们发现打哈欠、讲话、朗读甚至像咀嚼和漱口等上下口腔运动，都能对增强大脑功能有好处。

(2)勤走路，多散步。现代运动生理学家们认为，锻炼腿部肌肉的运动(如跑步3分钟)，确实可以消除大脑的疲劳，使包括记忆力在内的大脑功能处于最佳状态。

(3)单侧体操。科学家们倡导通过单侧半身的体操锻炼，以消除侧半脑的疲劳，恢复和发挥其功能作用。一般在学习时，左半脑的生理负荷多比右半脑重，左半脑疲劳时，容易产生无精打采、记忆力减退、注意力不集中和神经衰弱等症状。右半身的单侧体操，可以消除左侧半脑疲劳，增强记忆力，其效果能在短时间内显现出来。

具体做法是(第一节重复8次)：

①全神贯注站立并目视前方，右手紧握拳，右腕用力屈臂，慢慢上举至最大限度后还原；

②仰卧，右腿伸直上举，然后倒向右侧，但不能挨地；

③直立位，头不能动。右臂向右侧平举，然后再上举，平举还原；

④直立位，身体向右侧倾倒，以右手和右脚尖支撑身体，右臂伸直呈斜侧姿势；

⑤俯卧位，跷起右脚尖，像"俯卧撑"那样用右腕和右脚尖支撑起身体。

除上述方法外，还可以选择你所喜欢的活动，如球类、广播操、打拳、踢毽子、跳绳等，均可以起到活动性休息的目的。

2.体育锻炼应讲求科学、卫生与安全

尽管体育锻炼对青少年的生长发育与健康、对预防成年期疾病有积极促进作用，但是不适当的体育锻炼，如强度过大、时间过长或者出现伤害，则反受不利影响。因此，体育锻炼应讲求科学、卫生与安全。青少年在进行体育锻炼时要注意以下基本原则：

(1)要根据自己的生理、健康状况选择适宜的体育锻炼项目，切忌盲目蛮干

体弱、月经期、患病(如心脏病、高血压、肺结核、病后初愈等)学生的体育锻

炼应有别于一般学生，否则会影响其身心健康。同时，也不应轻易免修体育课或不参加体育锻炼，因为适量的体育锻炼对于他们的康复是有益的。应根据病情和体力特点适当地安排体育锻炼，如静步、打简化太极拳等。

(2)体育锻炼应循序渐进，全面锻炼

青少年对各种体育锻炼项目都有一个逐步适应的过程，做到运动量由小到大，运动项目由少到多，动作技巧由易到难，练习时间由短到长。训练时要有计划、有步骤地增加运动量和动作的复杂程度。如突然承担很大体力负荷或从未熟悉的高、难动作，易致过度疲劳或因神经系统、某些器官高度紧张而发生运动创伤。

同样，青少年应注重全面锻炼，利用多种多样的运动项目促进身体在力量、速度、灵敏、耐力、柔韧、弹跳等方面都得到发展。不要片面追求运动成绩或过早侧重于单项训练。只有在全面锻炼的基础上，才能使专项运动成绩不断提高。

(3)要持之以恒，经常锻炼

体育锻炼良好作用的产生，必须以"坚持经常"为先决条件。因为体育锻炼活动增强机体的防御机能是通过不断形成暂时性的联系而逐渐适应经常变化着的外界环境来实现的。青少年体育锻炼的积极性，更需要在不断坚持运动过程中得以发挥和巩固。

(4)要有准备活动和整理活动

训练前作适当的准备活动，运动量逐渐增加，可使身体各部分，特别是心脏血管系统有足够时间逐渐提高其活动水平，以适应剧烈运动的需要。

准备活动还可消除肌肉、关节僵硬状态，减少外伤的发生。在人体剧烈活动后，植物神经系统由紧张状态恢复到安静时的水平需要一定的时间。如果赛跑后立即坐下或躺下，大量血液在下肢，而脑部及身体其他部分缺血，容易发生"重力性休克"。因此，为了使躯体和内脏比较一致地恢复至安静状态，必须逐渐减少运动量。一般用整理活动(如慢跑、行走、放松体操及呼吸运动)来达到这一目的。

(5)运动与休息适当交替

锻炼过程适当休息,每次休息的时间要适宜,可避免生理功能超限负荷,以防止运动创伤或过度训练。

(三)养成良好的日常生活习惯

1.日常生活要有规律

众所周知,在自然界中,月有盈缺,潮有涨落,四季寒来暑往,候鸟秋去春来,表现出各种循环往复、周而复始的奇妙的周期性节律变化。大量研究证实,自然界每一种生物都有自己的"时间表",科学家们形象地把它称为"生物钟",作为万物之灵的人类也不例外。科学家们发现,人体存在着以23天为周期的体力盛衰、以28天为周期的情绪波动以及以33天为周期的智力起伏。人体的体力、情绪、智力三个周期性节律,从出生至死亡,始终支配着人的生命活动。体力周期控制着人的体能、精力和工作能力;情绪周期控制着人的自信心、情感和社会心理活动;智力周期则控制着人的学习、记忆和逻辑思维能力。

除月节律变化外,人的体温、体重、血压、基础代谢率、脑电图各类波型、心率、呼吸频率、精神状态、精力、血糖含量、各种激素和代谢物质的血浆、血清含量与尿排泄率等亦会发生昼夜性的变化;人体各种器官的机能和大脑的学习工作能力,人的痛觉、视觉和嗅觉,人对疾病、噪音和药物的敏感性也都有日节律周期性变化。因此,青少年应为自己制定并遵守一个合理的生活作息表,养成定时学习、活动、体育锻炼、休息、睡眠、饮食的习惯,从而使整个身体的生理活动富有规律和节奏。这样就能保证劳逸结合,满足生理和生活的需要,起到促进生长发育,增强身体抵抗力和预防疲劳的重要作用。

2.个人卫生习惯的养成与定型

个人卫生习惯的好坏直接影响其身心健康，养成良好个人卫生习惯是预防疾病的先决条件和自己的责任。所以青少年应先了解自己已有的卫生习惯情况，一方面注意培养良好卫生习惯，另一方面注意消除不良的生活习惯，并通过生活中的反复训练使之定型，将这些内容列入生活的一部分。

(1)身体的整洁是个人卫生中重要的部分

①注意日常仪容的整洁；

②注意对毛发和皮肤的细心护理，会影响个人的外表仪容；

③注意对眼、耳、口、鼻和皮肤的保健；

④保持口腔和牙齿的卫生，早晚刷牙，定期检查。

(2)良好的生活习惯

①经常保持适度运动的习惯，可以增强血液循环、呼吸肌肉运动的能力，对个人健康大有好处。

②睡眠与休息可以调理生理机能，补充能量以防身心疲惫，中小学生每天应睡足8小时—10小时，才能保证学习和健康。

③保持个人日常卫生，勤洗澡、勤换衣服、不饮生水、饭前便后洗手、生吃瓜果要洗净，可以降低传染病感染的机会。

(3)健康行为

①良好的健康行为应从小养成。儿童青少年时期是人生中长身体、长知识和心理发展的特殊阶段，也是为终身健康打基础的时期。儿童青少年可塑性和敏感性大，易受环境因素的影响。儿童青少年时期所形成的生活方式、卫生习惯、行为习惯的好坏及健康状况，都可能对其一生的身心健康水平与劳动能力有着直接的因果影响。有些中老年时期发生的心身疾病就是儿童青少年时期的不良习惯埋下的隐患，如心脑血管疾病、慢性支气管炎、肺结核、风湿病等。这些病不是突然发生和形成的，

大多是在儿童青少年时期得病未能得到及时、正确治疗的结果。所以,儿童青少年应从小养成良好的健康行为习惯,为青年至老年期的健康发展奠定良好基础。

②个人的行为可能影响自身及他人的健康。有些行为,对人群健康是有利的因素;但是有些行为,可严重地危害人群的健康。如吃生鱼的传统习惯可引起肝吸虫病的流行。吸烟、酗酒、食用过多的动物脂肪、缺乏体育运动等行为,可严重危害健康。随地吐痰、乱扔垃圾、在公共场所或家庭中吸烟等都可影响他人的健康。

3.注意用眼卫生

(1)合理的照明

人们无论是工作、学习和生活,都需要有一个舒适的环境,特别是需要有一个光线柔和的照明条件。这样才能保持最好的视力,持久地学习、工作而不产生视力疲劳,从而提高学习和工作效率。

什么样的光线才是适宜的呢?我们知道,光线的强弱称为照度,它的单位称勒克斯(LX),也就是指一支蜡烛的光,垂直照在距离1米处的物体上的照度,称为1勒克斯。我们一般用的白炽灯从1米高处照下来,20W灯泡的照度是30LX,40W是75LX,100W是230LX。我们一般阅读、书写和近距离工作时,所需要的照度范围是100LX—500LX。一般家庭用的日光灯,耗电量较小,同样度数的日光灯比普通白炽灯亮三倍。但当灯管老化后,其照度下降并有闪光,对眼睛有刺激,应及时更换。

一般用于读书写字时的照明可参考以下用法:

①15W日光灯或40W的白炽灯,可用做吊灯,但是距离读物的垂直距离不能高于60厘米—70厘米;

②30W的日光灯,离读物的垂直距离为1米—1.3米;

③25W的白炽灯,灯与书的距离不应超过50厘米;

④1米的距离就需要60W灯泡的照明设备;

⑤灯应放在读物的左前方，使光线由左前方射来，以免写字时手挡光线；

⑥用白炽灯时应加灯罩，使光线集中在读物上；

⑦学校一间50平方米的教室，一般需要40W日光灯6支，灯管离地2.5米为宜。

(2)要有节制地看电视，预防电视病

电视机和游戏机的普及推广，在给青少年带来了积极因素的同时，也影响了一些青少年的理论思维和阅读能力，给人们增加了忧患。过多地收看电视还可影响青少年的健康，如减少体力活动和眼球运动，使双手和身体笨拙，影响食欲，甚至脑电发生变化等，损害身体。严重者可能出现抽搐——电视性癫痫、电视性斜颈等。

看电视时应注意：

①眼与电视屏幕的距离一般2米—3米为宜，因距离越近需要眼的调节力越强，眼睛就越容易疲劳；

②电视机的安放要合理，应使电视屏幕中心的位置比观看者的水平视线稍低，这样人的颈部肌肉就会放松，不易疲劳；

③连续观看电视或操纵游戏机的时间不宜太长，一般以30分钟后就闭眼数分钟为宜；

④看电视节目时，室内最好有一个弱光照明，否则电视屏与室内照度的对比度过强，易使眼睛疲劳；

⑤看电视时，要随时矫正不正常的姿势，看完电视要注意洗脸和手。

第二节　中小学生必备的生活能力和自我保护能力的培养

一、中小学生必备的生活自理能力内容及培养方式

(一)中小学生必备的生活自理能力内容

让中小学生具备一定的生活自理能力，是教育最起码的目标和职责，我们曾将

"学会生存、学会生活、学会做人"当作宏观性德育发展要求，但是一直以来，却未能达到理想的状态。如果教育者和学校重视对学生开展生活自理能力教育，那么对民族发展力和竞争力都是一种无形触动。培养中小学生生活自理能力的目的在于培养学生具备自主学习、独立生活等生存能力，为将来的独立生存做好准备。在生活中，要想能够生活得顺利、自在，就要具备基本的生活自理能力。

让学生自己知道冷暖，学会随着天气变化自己增减衣物；培养学生自己整理衣物和床位，做到能把自己柜子里的衣物叠放整齐，床铺自己整理，进而学会整理房间；会系鞋带；会烧水、做简单饭菜，例如，焖米饭、西红柿炒鸡蛋；到超市里购买食品会看价格和保质期；吃过饭会收拾餐桌、洗碗盘；会自己洗头、洗澡；合理利用课余时间；合理利用零用钱，学会算账、报账、记账；会使用家里的电视、电脑、空调、饮水机、MP3、微波炉等家电，等等。

(二)中小学生必备的生活自理能力培养方式

培养中小学生的生活自理能力，父母所承担的培养责任就要多些。在培养方式上要注意：

1.要善于培养学生的主动性和独立性

在家庭生活中，应当注意教育学生自觉地、主动地、独立地调节自己的行为，而不是事事依靠父母的督促、管理。应当教育学生明确自己活动的目的和任务，逐步培养学生学会自觉地计划和检查自己的学习和活动，父母切不可包办代替。由于中小学阶段的儿童自我调节、控制行为的能力还很差，所以，单单用讲道理的方式教育学生有独立性还不够，必须把抽象的道理和具体的生动事实结合起来，方能收到良好的效果。

2.多让学生参加劳动，特别是服务性劳动

应当放手让学生参加自我服务劳动，让其学会照料自己的生活，诸如穿衣、系鞋带、梳头、洗脸、吃饭、整理书包、收拾房间等，父母尽量不要替学生代做。如果父母在生活方面过分照管，不仅不利于学生独立性、自主性的发展，而且还容易使其养成一些诸如懒惰、依从等不良品质。父母还应当让学生经常参加一些家务劳动，如帮父母洗菜、购买物品、打扫卫生等，这是培养学生生活处理能力的一种有效手段。除此之外，父母应当鼓励学生积极参加学校的值日劳动和一些公益性劳动，父母绝不可代替学生完成这些活动。让学生参加自我服务劳动，培养其从小就自己动手来满足一些个人需要，不仅能培养学生的生活处理能力，而且还有助于使其养成尊敬父母的良好习惯，对培养学生的集体感、责任心也大有帮助。正如苏霍姆林斯基所指出的那样，经常化的"自我服务劳动能使劳动变为人人都负担的平等的普遍义务，能使学生感受到，通过自我服务的劳动，能使生活变得更美好、更快乐、更可爱"。

3.培养学生良好的时间观念

在日常生活中，相当多的小学生有写作业和做事磨磨蹭蹭的坏习惯，效率观念和时间观念很差。父母应教育学生有效利用时间，让其学会对时间统筹安排，并学会利用好零碎时间和发挥时间的综合效应，教育学生理解时间在生活中的意义，使其从小在心中就打下"时间就是生命，效率就是金钱"的深刻烙印。还应注意让学生养成今日事情今日完成、珍惜时间、节约时间、遵守时间、合理安排时间的好习惯。

4.父母要做学生的表率

由于中小学生自我判断的能力还很有限，他们喜欢模仿他人的行为，而不会考虑某种行为是否正确、适当。所以，父母要为儿童提供良好的榜样，以身作则，言传身教，家中收拾整洁条理、办事独立自主、干净利索，这样，就给学生树立了一个可供他们学习的范例，学生在潜移默化中就会逐渐养成生活自理的习惯。

当然，培养学生的生活自理能力不能过急，要循序渐进，要随着学生年龄的增长，逐步提出较高的、学生力所能及的要求，不要让学生做不能做的事。

二、学生自我保护的能力及培养方式

（一）日常生活方面

1.过马路

根据世界卫生组织的统计，全世界每年每分钟就有1人死于车祸。在我国每天都有多起车祸发生，每年有几万人死于车祸，千万人的生命，连接千万个家庭，每重演一次悲剧就意味着几万元甚至几十万元的经济损失。可那些感情的、心灵的创伤是能够用钱弥补的吗？所以，学生按照交通规则过马路，才能安全可靠。

(1) 使学生认识交通信号。红灯停，绿灯行，要学会看交通信号灯上面的数字，上面显示的是需要等待的时间(秒)。学生过马路时，要走斑马线，过斑马线时也要左右观看，确定没有车辆再通过。

(2) 穿越马路时，要走直线，不可迂回穿行。在没有人行横道线的路段，应先看左边，再看右边，在确认没有机动车通过时，才可以穿越马路。切不可跑步通过，以免太快，看不到其他方向开过的机动车。

(3) 如果过马路时，人行横道线离得过远，也不要翻越道路中央安全护栏和隔离带。一定要到人行横道线处过马路，保证生命安全。

(4) 不要突然横穿马路，特别是看到自己等的公交车马上进站时或者马路对面有熟悉的同学或熟人，千万不能为了节省几分钟的时间，拿生命开玩笑。

2. 独自在家防范技巧

(1) 如果一个人独自在家，一定要锁好防盗门。如果有人敲门，一定先在门镜看清楚是谁，不认识的人不要开门，也不要应答，一般对方敲一会就走了。如果认识但不是找你而是找家里其他成员的，也尽量不要开门让对方进家里来等，要告诉对方，等他要找的人回来后再来。

(2) 如果有陌生人打来电话，不要告诉别人家中的信息，更不要告诉家里就你一个人，只告诉对方他要找的人不在家即可。如果对方问有谁在家时，为了保护自己可以谎称和朋友或者亲属在一起。

(3) 遇到乞讨、借物品、要水喝等看似平常的要求，也不能轻易相信，更不能开门。

（4）如果对方是以父母或者家里其他人的名义要求开门，可以请他稍等，立刻与家长取得联系，确认后方可开门。

（5）如果遇到危急情况，如家里来小偷，但没有发现你，要迅速躲起来，伺机逃走、求救；遇到火灾，一定首先要保证自身的安全，再报警。

3.乘车事项

（1）我们在乘坐火车、汽车时，一定不要把头、手、身体探出车窗外。将头、手探到车窗外是极其危险的。有时候会被对面行驶的车辆撞伤；也会被并列行驶的车辆刮伤；有时会被路边的树枝扎伤眼睛；有时会在公交车急刹车或者加大马力时的一瞬间，撞到车外的物体上。即使东西掉到车外，也不能探身车窗外，可以呼喊司机停车。如遇像火车无法停车时，就暂时放弃物品，另想办法。

（2）不要向车外乱扔杂物，以免伤到人或者造成更加严重的后果。这样做也会污染环境。

（3）在乘坐公交车、火车等交通工具时，一定不要在车上打闹、推搡，这样非常危险。

（4）排队候车时，不可为了争抢座位，车没有停稳就扒门上车。如果乘坐的是公交车或者地铁、轻轨，上车如果没有座位，一定要往车后面走。如果站在门口，容易在拥挤中被挤下车。

（5）候车时，要保证自己站在安全地带，乘坐地铁、轻轨、火车时，候车要站在黄色或者白色安全线以外，避免发生危险。

（6）乘坐私家车时，无论坐在哪个位置，都应该系好安全带。但是，中小学生尽量不要坐在副驾驶的位置上。下车要从右侧车门下车，并要查看有无过往车辆。在路上有很多车辆行驶的地方下车，一定要查看后面或者对面有无车辆经过，再开车门。

4.被困电梯或者电梯突然下落

被困电梯时受困者需要掌握以下自救方法,确保安全,获得救援:

(1)保持镇定,并且安慰困在一起的人,向大家解释不会有危险,电梯不会掉下电梯槽。电梯槽有防坠安全装置,会牢牢夹住电梯两旁的钢轨,安全装置也不会失灵。

(2)利用警钟或对讲机、手机求援,如无警钟或对讲机,手机又失灵时,可拍门叫喊。

(3)如不能立刻找到电梯技工,可请外面的人打电话叫消防员。消防员通常会把电梯绞上或绞下到最接近的一层楼,然后打开门。就算停电,消防员也能用手动器,把电梯绞上绞下。

(4)如果外面没有受过训练的救援人员在场,不要自行爬出电梯。

(5)千万不要尝试强行推开电梯内门,即使能打开,也未必够得着外门,想要打开外门安全脱身当然更不行,电梯外壁的油垢可能使人滑倒。

(6)电梯天花板若有紧急出口,也不要爬出去。出口板一旦打开,安全开关就使电梯刹住不动。如果出口板意外关上,电梯就可能突然开动令人失去平衡,在漆黑的电梯槽里,可能被电梯的缆索绊倒或因踩到油垢而滑倒,从电梯顶上掉下去。

(7)在深夜或周末被困在大厦的电梯里,就有可能几个小时甚至几天也没有人走近电梯。在这种情况下,最安全的做法是保持镇定,伺机求援。注意倾听外面的动静,如有行人经过,设法引起他们的注意。如果不行,就等到上班时间再拍门呼救。

如果在乘坐电梯时,突然发生电梯下落,不要惊慌,要按照下面的做法来自救:

(1)(不论有几层楼)赶快把每一层楼的按键都按下。这样做是为了当紧急电源启动时,电梯可以马上停止继续下坠。

(2) 如果电梯内有手把，请一只手紧握手把。这样做是为了要固定你人所在的位子，以至于你不会因为重心不稳而摔伤。

(3) 整个背部跟头部紧贴电梯内墙，呈一直线。这样做是为了要运用电梯墙壁作为脊椎的防护。

(4) 膝盖呈弯曲姿势。这样做最重要的是因为韧带是人体富含弹性的一个组织，所以借用膝盖弯曲来承受重击压力比骨头来承受压力强得多。

5.遇到陌生人问路

如果自己知道就告诉他（她）怎样走，如果不知道就实情相告。遇到陌生人要你带路去他要去的地方时，一定不要跟随，要告诉陌生人，爸爸或妈妈马上来接自己了。

6.意外受伤

(1)擦伤

擦伤是在进行跑跳等活动时摔倒或在冲击下与硬物相擦而形成的皮肤表面创伤。小面积擦伤，可以用2%红汞或者1%龙胆紫涂抹，一般不必包扎，但不能洗创面和浸水，防止引发细菌感染。如果严重，要到医院进行消毒、治疗。

(2)拉伤

拉伤主要指肌肉、韧带撕裂伤，多发生在四肢关节部位，骨关节周围的韧带、肌肉等软组织突然用力或受外力过度牵拉而发生的损伤。拉伤后出现局部血肿和疼痛，活动受限。处理拉伤的方法就是消肿、止痛和休息。如果出现血肿，可以采用局部冷敷（冷水或者冰块）。拉伤较重要去医院请医生检查处理。

(3)切伤

锐利物（刀、剪子）切开皮肤引起的伤口，叫切伤。受伤以后要注意止血，用手指压迫伤口处一段时间，直到出血止住。血止住后，要用消毒过的生理盐水清洗局部,然后用纱布包扎。

(4)鼻出血

鼻出血是小学生和中学生常见的现象。青少年不仅容易鼻出血,而且出血往往来势凶猛。经过正确处理后这种出血是能够较快止住的,所以不要紧张害怕。

鼻出血时,学生要立即平卧,头稍向后仰,以冷毛巾敷在前额或用干净棉花沾湿冷水后敷在鼻梁骨的两侧,然后用干棉条或卫生纸塞入鼻孔,改用口呼吸,以加快凝血过程。

7. 面对垃圾食品

对待垃圾食品要坚决抵制。少吃洋快餐,少喝碳酸饮料,少吃油炸食品。对于很多学校周边摊贩出售的食品更是不能买,贩卖的食品多数都不是出自正规厂家,质量无法保证。虽然摊贩出售的小食品看上去色泽鲜艳,闻起来香味诱人,但是这些都是因为在食品里面添加大量的香精、色素和过多的食品添加剂导致的,吃了只能对中小学生的身体造成危害。

8. 出现混乱场面

无论在学校里还是大街上,如果出现混乱场面,一定不要去凑热闹,要远离发生混乱场面的地带,以免伤及到自己。如果在混乱拥挤的人流中无法离开,要靠近墙角,蜷起身体,护住头部,防止被踩伤,同时要呼喊,提醒别人别伤到自己。

9. 骑自行车须知

骑自行车上路至少要年满12周岁,在骑车时应注意:

(1)不斗气、不赛车,在人多拥挤的大街或者胡同中不要强行,最好下车推着走。

(2)逆行和拐弯抢行是很危险的,容易撞到行人或者摔伤自己。

(3)经过交叉路口时,要减速慢行,不要因抢一点点时间而去闯红灯,这样会有生命危险。

(4)放学途中，不要聚众并行骑车，这样既容易堵塞车道，也容易发生交通事故。

(5)不要逞能，像杂技人员一样双手撒把或者几个人骑乘一辆车。

(6)切忌因上学要迟到而骑飞车，不顾前后左右而抢行。

(7)切忌不要戴耳机听音乐、听外语骑车，这样容易分散注意力，发生危险。

(8)遇到刮风、下雨、下雪、有雾天气，骑车更要小心，可以穿鲜艳明亮的雨衣或外衣，骑车途中更不能快骑抢行。

10.和父母或者同学外出迷路

(1)不要慌乱，要镇定。在原地等待一会。

(2)不要随便和对自己说要帮助自己的人走，要寻找警察、保安或者工作人员来帮助自己。

(3)请人借手机给父母或者同学打电话。

11.正确使用紧急号码

(1)如何拨打110报警电话

①受理范围

当学生身边发生刑事案件（如抢劫、杀人）、治安案件（如打架、斗殴）危害到学生人身、财产安全时，可以拨打110报警。

此外，发生溺水、坠楼、自杀等状况，需要公安机关紧急救助的；老人、儿童以及智障人员、精神疾病患者等人员走失，需要公安机关在一定范围内帮助查找的；涉及水、电、气、热等公共设施出现险情，威胁公共安全、人身或者财产安全和工作、学习、生活秩序，需要公安机关紧急处置的，都可以拨打110。

②如何拨打

需要报警、求助或进行警务投诉时，可通过有线电话(普通市话、投币电话、磁卡电话等)、移动电话等，不用拨区号，直接拨"110"三个号码，即可接通当地公安机关110报警电话。在异地拨打案发地的110电话时，可先拨案发地区号，再拨110即可。拨打110电话，电讯部门免收报警人的电话费，投币、磁卡电话不用投币或插磁卡，直接拿起话筒即可拨通110报警电话。

③报警内容

需要说清事件发生的时间和具体位置。现在，很多地方都设有报警标识号码，只要报出号码警方就能最快知道发生案情的地方。在市区，如果没有报警标识号码，要说明确切位置，也可找一下周围的明显建筑物或商店的名称，来表明自己所处的位置。在郊区，要说明乡镇和村落名称。同时要把自己的姓名和报警电话留给警方，以便警务人员及时联系。

(2)如何拨打119火警电话

①火警电话打通后，应讲清楚着火单位、所在区县、街道、门牌号码等详细地址；

②要讲清什么东西着火，火势情况；

③要讲清是平房还是楼房，最好能讲清起火部位、燃烧物质和燃烧情况；

④报警人要讲清自己姓名、所在单位和电话号码；

⑤报警后要派专人在路口等候消防车的到来，指引消防车去火场的道路，以便迅速、准确到达起火地点。

⑥另外，在拨119电话时，要注意两点：一是消防队救火是义务的，扑救火灾不收费；二是119电话是专门用于报火警的，随便拨打火警电话或谎报火警都是违法行为，公安机关将追究其法律责任。

教师和家长一定要教育学生不能随便拨打火警报警电话，否则公安机关会追究责任的，家长作为监护人是要负法律责任的。

(3)如何拨打120医疗救护电话

①保持镇静，讲话要清晰、简练、易懂。120电话拨通后，应再问一句"请问是

医疗救护中心吗"，以免打错误事。

②必须说清患者的年龄、性别、主要症状或伤情，便于准确派车；说清现场地点、拟去医院名称及等车地点，便于确定行车路线；同时说清自己的姓名、电话号码等，便于进一步联系。

③要尽量提前接应救护车，见到救护车应主动挥手示意；等车时不要急于将患者搀扶或抬出来，以免影响救治。

④等车地点应选择路口、公交车站、高大建筑物等有明显标志的地方。

(4)如何拨打122交通事故电话

①辨别发生地点。在报警信息中，地点是最重要的。准确地描述出事地点，有利于122接警员及时调派民警赶赴现场。从接警情况看，报警人对事发地点的具体位置描述不清，会导致交警不能快速到达现场。

②注意观察周围典型地物标志。当附近没有明显的交通标志时，就要借助周围的一些典型地物来辨别方位。可以观察周围是否有有特征的建筑物，如商场、写字楼、加油站或者看看附近是否有河流。

③简单描述事故。在事故地点确定后，122还希望报警者能提供人员伤亡情况及车辆损坏程度的信息。在以往的接警中，发生交通事故后，报警人由于心里紧张或害怕，只是一味地说发生事故了，而没有说清出事地点、伤亡情况。发生事故后，报警人要沉着、冷静，说明事故地点、方向、人员伤亡情况。车辆损坏程度、能否驶离现场、是否需要清障车等信息对交管部门指挥中心调派警力及疏导交通都很有帮助。

12.远离可能带来伤害的宠物或者物体

在学生生活的空间里，存在着很多潜在的危险因素。现在家里养宠物的越来越多，宠物的主人有的没有文明的豢养方式，所以宠物危害到人，尤其是中小学生的事件时有发生。宠物小狗、小兔子、小猫、小仓鼠、小乌龟等都有潜在伤害人的危险。

这些宠物，有的看似可爱，有的看似温顺，但如果学生经过它身边过分逗弄它时，有的宠物也会发脾气，甚至不顾主人的管教而伤到学生。所以，不管宠物有多可爱，对那些没有宠物牵引绳的宠物，一定要远离，更不要去逗弄它。一旦被伤到，要第一时间（最好在咬伤或抓伤后的几分钟内）对伤口进行清洗消毒，可用20%肥皂水或者0.1%新洁尔灭充分洗涤5分钟—10分钟，再用清水彻底冲洗。如果伤口较深，冲洗时要用注射器深入伤口深部进行灌注清洗，做到全面彻底。再用75%酒精消毒，然后用3%-5%碘酒涂擦。伤口不宜包扎、缝合，应尽量暴露。然后马上到防疫站打狂犬疫苗，最迟不能超过被咬伤和抓伤的24个小时。

除了宠物的危险外，其他如高压电、危险废物堆放等对学生的危害更大。所以，一定要让学生认识高压电标志、危险废物堆放标志、注意危险标志等会对学生身心造成伤害的标志。

(二)校园安全方面

1.危险游戏和恶作剧

危险的游戏不能玩，有可能因为危险游戏而失去生命，那岂不是极大的悲剧。所以，一定不要在学校里面和回家途中玩危险的游戏。

(1)突然性的推搡和打斗都很危险。要做到自己不去主动"袭击"别人，也要防止别人开这种危险的玩笑。有同学推搡和打斗的时候，要远离。

(2)不要玩"挤狗屎"和"叠罗汉"游戏。大家围在一起，把一个人挤在角落里或者一个人把另一个人压在下面，这样被挤在角落里或者被压在下面，很容易造成窒息。

（3）不要玩"砸夯"游戏。就是几个人各拉住一个人的胳膊、腿、头部等部位，往地上墩屁墩。这样容易造成拉伤。

（4）在同学玩单杠或者双杠时，不要去胳肢他人，以免对方摔在地上，造成伤害。

2. 下楼规则

（1）走楼梯要遵守规则，靠右侧通行，如果超过3人，就要按顺序排队下楼。

（2）在楼梯上不要吵闹、大叫、出怪声或者说"着火了、地震了"等能引发混乱局面的话语，以免引起惊吓，导致混乱，发生踩踏等恶性事件。

（3）不要在楼梯上玩耍，更不能和同学在楼梯上打闹，以免被推倒而滚落到楼梯下，造成伤害。

（4）如果发现楼梯上有不安全因素，要及时向教师反映。例如，楼梯照明灯不亮、护栏缺失等。

（5）如果有急事要通过楼梯，可以走在楼梯的左侧，并对楼梯上的人用语言提示"请让一让"、"谢谢，请让我过去"，这样引起前面人的注意，不至于在匆忙间互相冲撞。

（6）一旦发生楼梯或者通道拥挤，要尽量侧过身体，靠向墙面，将背部对着他人，将脸部、胸部等贴向墙面。如果已经摔倒，要缩起身子，抱住头部，尽量护住身体重要部位，以免被踩伤。

3. 被勒索钱财和恐吓

许多学校都发生过高年级学生向低年级学生要钱的事件。有的学生甚至对此心惊胆战到不敢去上学。中小学生要吸取教训，采取相应的措施加以防范。

（1）平时身上不要带很多钱，不要摆阔气，不要高消费。

(2) 不要用金钱来换取友谊，更不要讲哥们义气，不要用金钱来换取其他人对你的喜爱。

(3) 第一次遇到勒索，不要硬顶，尤其是发现对方藏有刀具时要更加谨慎小心，千万别跑，也不要大喊大叫，以防激怒对方，导致自己受伤，必要时可以将身上的钱给他。

(4) 要悄悄记住勒索者的相貌特征，衣着打扮，共有几个人，事后及时向父母、老师和警察报告。

(5) 如果勒索者是同校或外校的高年级学生，面对勒索者的威胁和恐吓，不要惧怕，要及时把被勒索事件告知老师和家长，必要时可以报警。

(三)灾害自救方面

1. 地震

地震是自然灾害中破坏力很强的一种地壳运动，每年发生在世界各地的地震现象都给人类带来不同程度的伤害和损失。虽然人类在地震预防方面取得了一定成果，但是与现实的要求还有相当的距离。因此，作为中小学生，有必要掌握科学自救的措施。

(1)地震来临，首先要保持头脑清醒，通过地震幅度来判断是近震还是远震。如果是左右摇摆或轻轻振动，说明震中区较远。如果感觉是上下颠簸，左右摇晃很厉害，说明震中离得很近，要赶紧想办法避震。

(2)一般楼房的卫生间、门厅以及桌子下面、教室里的座椅下面或者空间较小的地方较为安全。

(3)如正在平房或者一二楼上课，靠门口的学生可以迅速跑出室外，中间及后排的同学视情况而定是跟随跑出去，还是躲到课桌下面用书包或双手护住头部。

(4)如果地震时正行走在大街上，切忌不要进建筑物中避险，也不要在高楼下面停留，更要严禁在广告牌和大树下面躲避，要找到一个较为空旷的地带避险。

(5)如果已经来不及躲避，而且被压在废墟下面，一定要坚定信念，不要哭泣，要保持体力，用身边能找到的硬物敲击管道、墙壁，给救援人员发出信号，赢得获救机会。

2.火灾

如果火势较小，首先要关掉家中的电闸、煤气总开关，把最近的门打开，设法让门一直保持开的状态，然后用水将较小的火势扑灭。

如果是油锅着火，应该迅速用锅盖将油锅盖严，然后关闭燃气阀，再找出湿布扔进油锅灭火。

在火势未起之前，可以用水大量泼向地面，自己也应该及时跑到门前，做好逃离准备。

如果屋内已经有大量的浓烟，要用水浸湿毛巾，掩捂口鼻，趴到地面，把头尽量靠近地面爬往门口。

如果火势较大，应该先拨打119火警电话，求得救援。

家里或者学校应该备有消防器材，家里可以配备：

(1)家用灭火器(简易式水型灭火器——特效阻燃型)：可用来扑救初起火灾。

(2)常备一根(保险)绳：当楼梯、通道堵塞时，可将绳子分段打结，然后拴在牢固的物体上，沿着绳子从窗户等开口攀援而下进行逃生。

(3)常备一只手电筒：起火后可用来在黑暗中照出一条逃生之路。

(4)常备两到三个防毒面具：在危急关头，套上防毒面具就能抵御有毒烟雾的侵袭而逃生自救。

家里除了要配备消防器材以外，还要教给学生火灾基本逃生知识。

学校要配备灭火器，同时还要定期请消防人员来做示范，教会学生怎样使用灭火器，怎样在火灾中逃生。

3.雷电

在室外如果遇到雷电，不要靠近大树、电线杆、广告牌、铁塔，防止被雷击中或者被砸伤，可以选择在低处蹲下，双手抱膝，头贴近膝盖，尽量降低身体高度，手中不要持有导电物体，要将铁把雨伞丢在一旁。更不要在打雷时打手机和座机，以免发生危险。

三、培养学生自我保护能力的方法

每位学生的生命都是可贵的，培养学生的自我保护意识是家长和教师对他们负有的不可推卸的责任。

(一)加强学生自我保护意识是重中之重

教师和家长一定要做到防患于未然，不要亡羊补牢。中小学生没有更多的生活阅历和经验，他们不知道什么事情能做，什么事情不能做；什么地方能去，什么地方不能去；也不知道什么东西能玩，什么东西不能玩。对于某些危险的事情，他们往往偏偏喜欢去尝试。例如，明明标有高压电的地方，由于学生不认识相关的标志，再加上贪玩的天性，所以会出入那里；标明了不许游泳的地区，但是学生仍然前往。出现类似情况，教师和家长往往给学生制定很多"不许"，并不给学生做进一步解释，学生不知道不许做的理由，更没有意识到这样做的危险性，他们出于好奇心或者逆反心，会继续做一些危险尝试。

所以，若要真正说服学生，就要在平时对学生进行安全意识教育。可以通过看电视、听故事以及让学生亲眼见到由于不注意安全而导致的灾难的案例，使学生明白做危险事情的后果是多么严重，理解教师和家长对他们的限制是对他们的爱护。同时，也增强了学生的自我防范意识。

(二)教师和家长要培养学生灵活机制的应变能力

要保证学生的健康和安全，培养学生的应变能力也是日常生活中一项重要的教育内容。这些应变能力具体表现在：适应周围环境变化的能力，知道随季节和温度增减衣物；对突如其来的事情要灵活处理。学生在遇到紧急情况时，有时并没有能力去处理较危险的事情，这就需要成人有意识训练学生的自救技能。教师和家长都可以根据需要适当创设一些紧急情况的情境，引导学生想出多种自救方法，使学生掌握基本应变能力。

(三)锻炼学生健康的体魄

增强学生体能是提高学生自我保护能力的重要途径。教师可以在春天带学生去野营；冬天可以带学生跑步和打球、跳绳。让学生有足够的时间和空间参与安排合理、动静交替、强度和密度协调搭配的体育活动，以增强学生的身体素质，发展他们灵活、机敏、协调的动作，从而有效避免意外伤害。

当然，要采用正确教育学生自我保护意识的技巧。在与学生交谈这些问题时，一定要根据学生自身的情况，不要吓到学生。有时候很多教师和家长认为，对危险强调得越多就越能引起学生的注意，其实这只能造成学生对危险的恐惧，终日提心吊胆，反而不利于其在危险时刻采取有效的措施自救。

第三节 积极健康的心理和心态的培养

一、积极健康的心理和心态的内涵

健康的重要性几乎人尽皆知，但是对于"健康"的理解却不尽相同。很多人通常认为不得病、不残疾就是健康了。随着社会的进步、科学的发展，特别是人们对生活要求日益提高的今天，人们对健康的认识也越来越深刻和全面了。关于健康的定义，在联合国世界卫生组织的宪章中提到："健康不仅仅是没有疾病或者不虚弱，而是身体的、精神的健康和社会适应良好的总称。"也就是说，现在的健康，已经不再以疾病为衡量标准,衡量一个人健康与否,要从身体、心理和社会适应三个方面来衡量。

把心理健康纳入到健康的含义中来是非常必要的。在现实生活中,虽然有些人身体很强健,但是胆小如鼠、意志薄弱或者心胸狭窄、空虚颓废,这样的人能说他是健康的么?据调查,目前不少青少年学生中存在各种各样的心理问题,如怯懦、忧郁、依赖、神经质、人际交往困难等。世界卫生组织和上海第二医科大学对上海青少年精神卫生问题的调查结果表明,1100名学生中有上述问题的比例最低的项目是10%,最高的项目达到40%。[1]这表明,心理健康问题确实值得重视,身体无病就是健康的观念亟须纠正。

学生作为一个整体,其心理健康和身体健康是不可分割的,两者互相影响。身体上的很多疾病是由于心理因素引起的,心理的异常变化,如过分激动会使大脑皮层产生过度兴奋,进而使神经系统紊乱,导致循环系统、呼吸系统、免疫系统等机能失去平衡,引起一系列病变。所以说"健康的一半是心理健康"。

二、评估学生心理健康的标准

(一)适应能力

对环境(自然环境和社会环境)的适应能力是学生赖以生存的最基本条件,"适者生存"是生物进化的普遍规律。中小学生的学习生活中,内外环境是在不断变化的,有的变化还很大。但学生对环境的变化往往无力控制,所以被动地适应和主动地适应都是必要的和不可避免的。

对环境的适应,特别是对变动着的环境能否良好地适应,是心理健康水平的重要标准。环境改变,人人都会有些紧张,但有的学生能随遇而安很快适应,而有的学生则很久无法适应,甚至焦虑不安、血压变化、心悸失眠,出现各类精神症状和

---

[1] 刘慧晏.当代青年心理学[M].青岛:青岛出版社,1998:120.

躯体症状。易席失眠、怕见生人、不能出差等都是适应能力较差的表现。例如，来到陌生的学校、更换新的班级和教师等等，这些都能考验学生的适应能力。

（二）耐受力

对精神刺激或压力的承受力或抵抗力统称为耐受力。不同的人耐受力各不相同，对精神刺激的反应也各不相同。例如，亲人不幸死亡，有人悲痛欲绝，哭泣不已；有人立刻晕倒，人事不省；有人虽受强烈的情感打击但仍然非常理智；有人则可能导致精神疾病。这是从精神刺激、社会变故的强度来说不同的耐受力。耐受力的不同，还表现为对刺激时间的持续性方面。生活中有一类精神刺激是频繁出现或持续存在的，虽然不是十分强烈，但总在时时折磨着人的精神。有人可以忍受强烈的刺激，但在这种慢性精神折磨的情况下出现心理异常、人格改变、精神萎靡，甚至产生身心疾病；有人虽然终生伴随种种精神刺激，但并未导致心理上的严重问题；也有人把克服这种精神刺激带来的种种不快变为生活奋斗的动力；也有人在几乎无法忍受的逆境中奋发图强，做出好成绩。

学生在生活和学习中会遇到痛苦的经历，从如何应对以及在学生身上表现出来的反应，可以看出学生的耐受力。

（三）控制力

指自我控制和调节的能力。人对自己的情绪、情感思维等心理活动是可以自觉地、能动地加以控制和调节的。人的情感表达、情绪反应的强度、动机的趋向与取舍、思维的方向和过程等，可以受人的意识控制和调节，也就是说都是在大脑皮层的控制和调节下实现的。心理控制和调节的水平，都与自我控制能力有关，控制力水平是衡量一个人心理健康水平的一项重要标准。

当一个学生身心十分健康时，心理就稳定正常，思维敏捷流畅，逻辑严谨，情感表达恰如其分，仪态雍容大度，举止得体，辞令通畅，应对如流，随遇而安，不卑不亢,动机适宜,需要易获得满足,等等,说明这时的自我控制和调节能力水平较高。

(四) 意识水平

意识水平的高低可以从许多方面来度量。一般以注意力水平为客观指标,临床上则多以清晰度为指标。

注意力不易集中往往是某种严重精神病的先兆,如不能专注于某项工作或者学习,不能专注地思考问题,注意力涣散等。注意力不能集中越严重,心理健康水平就越低。由于注意力不能集中,进而明显地影响了观察力和记忆力,因为观察水平、记忆水平与注意力水平成正比。但是注意力过分集中,如整天注意力都集中于一件无关的事情,则往往是强迫症的表现。

(五) 社会交往能力

社会交往是人类社会的基础,人类心理活动得以产生和维持有赖于社会交往的发展。当一个学生不与同学或者亲人交往,把自己隔离起来并变得冷漠无情时,就要考虑他是否出现了心理障碍;相反,过分和无选择地广泛交往,并十分热情和兴奋,也要考虑他是否属于躁狂状态。一个人如果没有知心朋友或很少和朋友交流思想感情,尽管他可能工作上是好的,行为是正常的,但不能说他在心理健康上没有缺陷。

(六) 康复力

康复力指在蒙受精神打击和刺激后心理创伤的复原能力。生活中任何人都难免遭受打击或受冤屈,而心理创伤却有轻有重。遭受创伤后,情绪波动,行为可能暂时偏离常规或出现身体和精神症状,严重的则轻生自杀。由于认识与评价能力的水平不同,阅历不同,个体气质和性格不同,人们遭受打击后需要复原的时间和复原的程度也不同。有的人能很快康复,并且不留什么痕迹,每当再谈起这次创伤时,一笑了之,原来的情绪色彩淡化了,对他以后的心理及行为并不产生明显的影响;

有的人虽然也能康复，但需要较长时间，而且一旦忆及往事，仍会耿耿于怀，形之于色，情绪起伏不已；也有的人不能完全康复，无论在心理上、行为上和躯体上都留下严重的痕迹。

三、培养学生积极健康的心理和心态的策略

（一）教师要教育学生保持积极心态

埋怨环境不好，常常是我们自己不好；埋怨别人太狭隘，常常是自己不够豁达；埋怨天气太恶劣，常常是我们抵抗力太弱。这是我国著名教育家魏书生老师说过的话。对于经常抱怨的学生而言，这段话非常适合。

有一个《塞尔玛的转变》的故事能说明积极心态的重要性。

案例3-1 塞尔玛的转变

有位女士叫塞尔玛，她随丈夫去从军。没想到，部队驻扎的地方在沙漠地带，住的是铁皮房子，周围住的是印第安人和墨西哥人，她语言不通，当地气温很高，在仙人掌阴影下都是51.6度。更糟糕的是，丈夫后来又远征了，她孤身一人，度日如年。她写信给父母，但父母的回信却令她很失望，上面只有三行字："两个人在监狱的铁窗往外看，一个看到的是地上的泥土，另一个看到的是天上的星星。"塞尔玛反复看，终于明白了父母的苦心，父母是希望她不要消极看问题。于是，她主动与印第安人和墨西哥人交朋友，她惊喜地发现，他们都非常热情和好客。她又开始研究沙漠里的仙人掌，并做了详细的观察记录，慢慢地她发现那些仙人掌千姿百态，使人沉醉着迷。在沙漠里，她又开始欣赏沙漠的落日，感受着奇妙的沙漠里的海市蜃楼。这时，塞尔玛发现周围的一切都改变了，每天仿佛都沐浴在春光里。

什么都没改变，除了塞尔玛自己的心态。她改变了过去的消极心态，选择了以积极的心态去面对陌生而艰苦的环境。后来，她还写了本自己的亲身经历，书名叫

《快乐的城堡》，引起了轰动。

由此使人想到了中国作家三毛在撒哈拉沙漠中的体验，也可谓是苦中有乐，表现了三毛当时的积极心态。

积极的心态对每个学生来说都非常重要。任何事物都有积极的一面和消极的一面，问题就在于学生用怎样的心态去选择、对待它们。如果学生是积极的，他看到的就是乐观、进步、向上的一面，他的生活、学习、人际关系及周围的一切就都是成功向上的；如果学生是消极的，他看到的就是悲观、失望、灰暗的一面，他的生活自然也就快乐不起来。

学生从早到晚也都是在面临选择。清晨是立刻起床还是睡懒觉？不及格的考试分数是告诉爸爸妈妈还是不告诉？无数人成功的事例告诉我们，积极的选择可以帮助人树立自信，克服自卑，还可以帮助人克服忧虑和烦恼，调整心态。

积极的心态，就是心灵的健康和营养。而消极的心态，却是心灵的垃圾。一个有积极心态的学生并不否认消极因素的存在，他只是学会了不让自己沉溺其中。一个有积极心态的学生常能心存光明远景，即使身陷困境，也能以愉悦的态度走出困境，迎向光明。

积极的心态对于学生的智力发展影响很大。积极的学习心态是学生学习、激发创造力的内在动力。积极的学习心态包括自我意识、动机、情感和情绪、态度和价值观。它既有心理活动，也有精神活动。这也是我们过去在课堂教学中经常忽视的领域。

因此，我们培养学生良好的学习愿望、消除厌学情绪就要研究学生的心理特点，进行课堂动机的激发，全面关心学生的成长，使学生学会自我调节。

1. 对学生应注重内部动机的激励机制

课堂动机激发的宗旨是培养学生积极的学习心态。从这点出发，我们应提倡以内部动机激发为主，从外部动机激发为辅，因为内部动机比外部动机有更为持久的激励作用。一般来说，我们的老师比较注重外部动机的激发，而疏于内部动机的激发，这也是当前课堂教学中没有得到解决的问题之一。

如果学生学习的动力只是来自于对好成绩的追求，仅仅是满足于体面的分数，却丧失了求知的兴趣，试问分数又有多大意义呢？所以在探索课堂的动机激励时，我们要重视对学生思维过程的评价。我们不仅要让学生自信，还要让老师自信。在课堂上多发现学生身上的闪光点，以鼓励、表扬为主，还要求老师以积极的眼光去理解和评价学生，对每个学生要有信念。这样就会使教师和学生在教育教学中彼此心灵开放、彼此尊重、彼此接纳，避免学生厌学、教师厌教的现象出现。

例如，在美术课堂上，面对学生的美术作品创作，对学生创作出来的作品进行评价时，可以用欣赏的语气说："你的作品真有创意！思维也很灵活……"这样一来，我们老师的教育观念也渐渐得到转变，也拉近了学生和老师的距离。不仅让学生变得自信，也让老师变得自信，学生学习的积极性也大大提高。最根本的变化是体现以学生主体性发展为中心的变化。

2.注重多元化教学方式，培养学生终身学习的理念

在迅速变革的年代里，必须要有终身学习的理念，不善于学习的人会落伍。终身学习的理念是1965年时任联合国成人教育局局长的法国人保罗·朗格朗首先提出的，自20世纪60年代中期以来，在联合国教科文组织及其他有关国际机构的大力提倡、推广和普及下，终身教育作为一个极其重要的教育概念在全世界广泛传播。教师要帮助学生学会自我学习，重视学习的过程，学生可以超越时代的认识和实践局限，科学地提出不同的观点，不要只停留在机械的学习上。在教育过程中，并不是简单的输送或移植，必须要学生主动吸收、转化。而有效学习的一个关键问题，即是建构多元化的学习方式。学生应对自己的学习有目的地调整和控制，如学习困

难时，激励自己；取得成绩时，告诫自己不要骄傲；学习目标不恰当时，及时调整修正。

那么，课堂教学中教师应如何引导学生的学习方式，培养积极的学习心态呢？教师不但要教学生学习知识，而且要教学生学会学习，善于激发学生的学习热情，培养学生自主学习的能力和习惯，调整学生的不良情绪和心态，培养良好的学习心理品质，激发集体学习的动力，还要善于发现学生的学习差距，特别关注学习成绩不佳的学生，重点开展指导。

学生在课堂上通过学习不外乎获得两种知识经验，即直接知识经验和间接知识经验。间接的知识经验主要是通过有意义的接受式获得，直接的知识经验主要通过探索式学习获得。因此，多元化的学习方式就需要老师有多元化的教学方式。例如，在上幼师班的美术课程时，我们就应发挥美术的特有魅力，结合幼师特点，通过泥工、折纸、玩具创作、壁画设计、节日装饰等，使课程内容适应不同学生的情绪和认知特征，使课程内容呈现方式和教学方式活泼多样，丰富多彩，并强调美术与生活的联系，激发学生学习美术的兴趣。

同时，在课堂上也要保护学生独特的个性，并给予学生发挥个性的空间，如课堂上布置作业，通过学生分组进行墙饰设计创作、分组开展课室节日装饰，让学生用分工协作的形式来完成，就可以给学生互相探讨和交流提供一个机会，还可开发学生的创造潜能，发展综合实践能力，创造性地解决问题，也培养了学生的创新精神和解决问题的能力。

古代教师的传授，多以讲、诵、问、答为主，而现代教师作为知识的传授者，除讲求教学的科学性之外，还必须讲求教学的艺术性和创造性。所以，当代的教师在课堂上应注重培养学生积极的学习心态、自主的学习方法，帮助学生学会自我反思、自我评价，从而形成健康向上的心理。同时，教师还要建立和谐的课堂文化，从单一的课堂领导者角色向多重角色转换，即领导者、组织者、鼓励者、建议者、同伴与朋友。教师还要增强自己的信念，不断地学习，更新自己的知识结构，不断突破定型的思维方式，注重学生主体性的发挥和创造性的培养，以适应学生的整体性发展需要，促进学生身心和谐地发展，造就完满的人格。

3. 有效激励——培养积极心态的催化剂

学生积极的心态和消极的心态，在一定条件下可以相互转化。教师不失时机地对学生进行有效激励，是抑制消极心态、培养积极心态的催化剂。

(1) 期望激励

心理学家韦纳认为，在师生交互作用的教学过程中，学生对自己成败的原因，并非完全以其考试分数的高低为基础，而是受到教师对他成绩表现所作反馈的影响。教师对学生的发展充满信心，并抱有积极的期望，就会把信心传递给学生，进而有助于学生积极心态的形成。因此，教师应对每个学生抱有积极的期望，并不失时机地把这种期望传递给学生。如当面表扬、夸奖学生"你真行"、"你好棒"，这样，当学生不断受到教师表扬的时候，对这门课的兴趣和信心也就建立起来了。

(2) 竞争激励

竞争是激发学生积极心态的有效手段。由于竞争行为是争先、争优、争强心理的表现，它比平常状态有更大的压力和动力。因此，在教学中，教师应主动运用竞争手段，促成学生间的比、学、赶、帮、超，如宣传敢于竞争的典型、帮助学生选择竞争对手、开展多种竞赛等。

(3) 暗示激励

暗示是在无对抗的情况下，通过议论、动作、评论、表情等，对人的心理和行为产生影响，使其接受有暗示作用的观点、意见或按暗示的方向行动。巧妙地运用暗示策略，对学生形成积极的心态十分有益。暗示包括直接暗示、间接暗示和反暗示。

教师要更新教学观念，在课堂教学中积极调动学生学习的兴趣，充分挖掘学生内在的潜能和个性特征，使课堂真正成为学生爱学、会学、学有兴趣、学有所获的一处天堂。

教师们要看到，积极的心态可以成为改变世界的强大力量，一定要把它摆到重要的位置对学生进行培养。积极心态一旦成为学生的主流心态，就等于给学生提供了无价之宝，给了他们终身取之不尽、用之不竭的精神财富。

(二)教师要训练学生具有适度心理调节的能力

学生在学校学习过程中，很多时候会因为考试、演讲等重要活动导致情绪紧张、失控，有的甚至产生心理疾病。

可以采用下列几种方法来避免慌张和紧张的心理状态：

1.娱乐调节

在紧张的学习之余，欣赏一下动感十足的流行音乐或所喜爱的动漫，既是美的享受，又是一种很好的松弛方法，紧张将会在节奏感十足的音乐中得以消除。当然，也可以去刺激的游乐场体验一番。这些活动会使学生们肌肉松弛，能使精神得到放松。

2.睡眠调节

夜里长时间的睡眠对紧张的调节自然很好。即使午休一小时，也应尽可能睡好。趴在桌了或靠在椅子上，全身放松，闭上双眼，一动不动地呆一会儿，很快就进入了梦乡，即使五分钟或十分钟也都很有效果。睡醒后再尽量伸伸胳膊，效果更为明显。

3.调整适当的心理定位

对于某些陌生的学科或者不能掌握的知识，如果能使学生意识到学习现在才刚刚开始，很多问题以后就不会成为学习的障碍，这样的想法能令学生紧张的程度缓解。紧张程度缓解，学习效率反而会提高。要让学生相信自己的力量，要对学习和其他任务做出冷静的分析并制订出必要的行动计划。学习任务再难、再急，也必须一步步地去做，焦急是无济于事的。

4. 以幽默缓和紧张

学生在课堂上发言或者演讲，紧张是情有可原的。教师和家长可以坦诚地告诉学生，当初自己在这样的情境下也是很紧张的。同时告诉学生，如果非常紧张，不妨说出自己的感受，嘲笑一下自己，可以缓和自己的紧张情绪。说出自己目前紧张的心情或用幽默的语言来稳定情绪，紧张的心情自然也就慢慢平复。考试中的紧张，可以通过深吸气、慢慢呼气来调整气息、稳定心情。当然，前提是做好考试之前的复习工作。

(三)教师要使学生掌握控制情绪的能力

在这个世界上，每个人都是独一无二的，每个人都以自己这个独立的个体存在。教师要了解，家长也要了解。所以，教师也好，家长也好，都不能要求学生成为除了他自己的另外一个人。每位学生都是由他自身的经验、所生活的环境、他父母家族的遗传基因，尤其是父母和教师对他的期望所塑造成的。

当教师和家长了解到这些，就应该知道每位学生的长处和短处，不能用其他人的长处来比较这位同学的短处，更不会为这位同学本来就不易成功的事情发愁、埋怨。当学生在某个领域成功的时候，他也会在某个领域失败。所以，面对失败，教师和家长应该对学生说"没关系"。学生自己也应该对自己说"没关系"。

生活和学习不像我们想象中的那么如意、美好。教师和家长应该使学生明白，生活不是按照我们的愿望而出现的。所以，当不如意和烦恼出现在脑海里的时候，让学生会对自己说"没关系"。

当然，让学生面对自己的失败并说出"没关系"并没有那么简单。如果不能轻易放下失败的痛苦，消除来自失败的焦虑，那么就需要教师和家长为学生提供一些摆脱焦虑和失败感的方法。

教师要经常鼓励学生，告诉学生，人生不如意事十有八九。失败了不要紧，因为成功都是源于失败。作为家长，应该多让孩子接触各类事物，多见世面，见多识广，心胸开阔，就不会把目前的小小失败看得那么重要了。

（四）教师要培养学生抗挫折的能力

挫折是指个人在实现目标过程中意外遭遇人为或者自然的阻挡、破坏因素的干扰，使目标不能实现或暂时无法实现的一种情境或外部表现形式。

从心理学角度分析，挫折就是人的意志倾向和心理设想在现实中不能预期实现而产生的一种心理反应。这种反应的主观感觉一般是痛苦、烦恼、压抑、抑郁、消沉等心理特征。

挫折就是一种失败。在学生的生活中，都渴望的是成功，所以对挫折或者失败都避之不及。无论学生在学校生活、学习中或者在家庭生活中，不可能总是一帆风顺的，要想在现实生活中不被痛苦、烦恼、压力等打倒，就要努力培养学生在挫折中战胜挫折的能力。

有人说，挫折对不断前行的勇者来说就是一笔巨大的财富。挫折应该是孩子的必修课，因为没有经历过挫折的孩子长大后会因为不适应激烈的竞争和复杂多变的社会而饱受痛苦。

所谓挫折，是指事情没达到预期目标时的情境与感受。不同年龄的孩子会有不同的挫折经验，也有不同的表现。挫折是普遍存在的一种社会现象，任何人的一生都不可能一帆风顺，也就是说，任何人都要面对各种各样的挫折。一位美国儿童心理学专家说："经历了十分幸福童年的人常有不幸的成年。"挫折教育可以帮助孩子树立一种面对挫折时积极、乐观的态度。其实，挫折本身不能造就一个人，能够造就人的是他在挫折和苦难中找到了解决的办法。

案例3-2 海伦·凯勒的故事

海伦·凯勒是美国著名的聋哑作家，她在两岁的时候就被病魔残酷地夺走了视觉、听觉和说话的能力。看不见、听不见、不能说话，这对于一个两岁的孩子来说，真可谓是生活在三重苦难的地狱中。但是生活并没有抛弃凯勒，正当她的父母为她将来的生活忧愁时，帮助他们的天使出现了。一位家庭女教师来到她家，教会了小海伦如何与人打交道，如何表白自己。海伦在老师的帮助下，刻苦学习，最后考上了著名学府——哈佛大学，用自己不健全的身体为她的人生画上了圆满的句号。她还在老师的无私帮助下，在全世界旅行，并献身于帮助聋哑人的教育事业。

遭遇挫折是人生必经的坎。当挫折来临的时候，我们没有选择，只能接受不可避免的事实并做自我调整。在荷兰阿姆斯特丹有一座15世纪的教堂遗迹，上面留有一段题词警策人心："事必如此，别无选择。"消极逃避可能毁了一个人的生活，也许会使这个人的精神崩溃。"事必如此，别无选择"，即使贵为一国之君也不得不常常这样提醒自己。英王乔治五世在白金汉宫的图书馆就写着这样一句话："请教导，我不要凭空妄想，或作无谓的哀叹。"哲学家叔本华也曾表达过同样的看法："逆来顺受是人生的必修课。"诗人惠特曼的话同样说明了这种人生必不可少的态度："让我们学着像树木一样顺其自然，面对黑夜、风暴、饥饿、意外与挫折。"既然遭遇挫折是人生必经的坎，那么我们就必须教学生学会接受挫折。

心理学专家也讲道，让学生适当接受点挫折教育，对他们的一生都会有益。由此可见，对于现代家庭来说，让孩子品尝一点生活的磨难，让孩子懂得人生道路的坎坷，并学会从挫折中接受教育，这对培养孩子的独立意识和应对困难的心理承受能力是十分必要的。

案例3-3 "狠心"的日本妈妈

日本有关部门曾经组织17户市民到上海居民家中做客,日本妈妈的教子方法使中国人大开眼界。有个日本幼儿,抓起一只生馄饨就往嘴里塞。中国房东想制止,其母却说:"别管他,这样他才知道生的不能吃。"小孩吃了一口,果然皱着眉头吐了。有个日本小孩摔了一跤,先是哭着求助,后见无人相帮,只好自个爬了起来。中国房东"看不懂",日本妈妈说:"让孩子尝试挫折,才能获得成功。"日本妈妈为何要对孩子进行"挫折教育"呢?一位日本学者解释说:"任何事情都要靠自己的努力,对孩子进行挫折教育,使他们在失败中学会本领,将来才能自立自强。"日本父母凭着这种紧迫感教育自己的子女,使日本的孩子从小就养成了不怕挫折、勇于竞争、敢于拼搏的顽强性格。

所以,家长千万不要对孩子包揽过多,事必躬亲。一味地赞美孩子、事事为他代劳,只给孩子一件美丽的衣裳,却不让他学习如何自己穿,这样的教养方式,不但无法培养孩子的独立性及自制能力,反而会让孩子渐渐养成目中无人的恶习,稍不顺心便大哭大闹,日后如遇到一点小挫折时,可能就无法自己爬起来了。

教师了解到挫折对于学生的重要性后,教师要教育学生,在生活和学习的过程中遇到不顺和挫折,都是非常自然的,气恼、难过也是正常的情感反应。当学生一时难以达成他们所希望的目标时,教师要多鼓励学生,同时要建议家长最好还是将问题留给学生,鼓励学生勇于面对挫折,让学生学习如何自己处理、解决。

在班集体中进行挫折教育有很多有利的因素,要结合以下原则来进行:

1. 渗透教育与集中教育相结合的原则

渗透教育是指将挫折教育渗透在学生生活、学习的各个环节之中,利用各种磨炼机会,帮助学生积累挫折经验,逐步培养学生正确的挫折认知和良好的对付挫折的能力。集中教育是指教师按照预定的计划,创设困难情境,对学生进行集中"训练"，从而提高学生排除挫折的能力。在挫折教育中，应该以渗透教育为主，以集中教育为辅，将平时的积累与阶段性的强化活动结合起来，这样才能取得最佳的教育效果。

2.教育与自我教育相结合的原则

在挫折教育中，教师的主导作用是外因，学生的主观能动性是内因，外因要通过内因才能起作用。因此，教师应充分调动学生的主动性，使学生主动接受挫折教育，自觉地形成对挫折的正确认识，以积极的态度对待挫折，不断积累挫折经验，学会用转移、宣泄、补偿、升华等心理防卫机制来消除受挫折后的不良情绪。同时，教师应激励学生完善和发展自我心理调节机制，加强自我磨炼，将挫教育转化为自我教育，逐渐提高学生的自我教育能力。

3.提高认识与实际磨炼相结合的原则

挫折教育是一种在理论指导下的实践活动。它需要教师转变教育观念，提高认识。教师可根据学生的年龄特征、阶段性挫折问题及心理水平，开设不同内容、不同水平的挫折教育课程，开展各种教育活动，把提高认识与实际的磨炼结合起来。教师既要善于利用生活中现成的磨炼机会，又要有意识地创造挫折情境，并引导学生自找磨难，增加实际磨炼的机会，提高学生抵抗挫折的能力。

4.学校教育与家庭、社会教育相结合的原则

学校教育在挫折教育中起着主导作用。教师应提出科学的挫折教育方案，并争取家庭、社会的配合。教师可通过家长座谈会、家长学校等形式，向家长传授挫折教育的相关知识及方法，并对家长提出具体要求，使家长正确认识自己在挫折教育中的地位和作用，积极配合学校开展挫折教育。另外，还应形成正确的社会导向，营造良好的挫折教育的社会氛围。可以通过街道、社区开展挫折教育活动，使学校、家庭、社会协调一致，形成教育合力。

那么,教师具体该如何提高学生抵抗挫折的能力呢?

1.教育学生正视挫折

任何人的一生都不可能是一帆风顺的,在日常的工作、生活和学习中,人们总会遇到这样或那样的挫折。挫折是不可避免的。从另一个角度看,挫折是一笔财富,是一笔无法用金钱来衡量的精神财富,它能增长人的聪明才智,激发人的进取精神,磨砺人的意志。事实证明在逆境中经过挫折锤炼成长起来的人才,其生存力、竞争力更强。因此,在人生的道路上经历一些挫折很有好处,也很有必要。

(1)引导学生正确对待逆境,培养学生自强不息的精神

所谓逆境,是指人生的厄运和不幸。古往今来,人生道路坎坷,有的人十分不幸,总要遇到各种逆境。弱者往往在逆境中沉沦;强者却不屈服于厄运,从逆境中奋起。比如屈原被放逐而赋《离骚》,左丘明失明著有《国语》,孙膑断足写就《孙子兵法》……他们都是些具有良好的心理忍耐力、在挫折与厄运中自强不息的人,因而在逆境中获得了成功。"自古英才多磨难,从来纨绔少伟男"、"宝剑锋从磨砺出,梅花香自苦寒来"说的也是这个道理。

(2)引导学生正确对待失败,培养学生坚忍不拔的毅力

失败是一笔财富。失败和挫折能锻炼人的心智,提高人的心理承受能力。人是在失败和挫折中成长起来的。华罗庚说:"许多科学家和作家,都要经过很多次失败,走过很多弯路才成功的。"许多格言,如"失败乃成功之母"、"吃一堑,长一智"讲的也是这个道理。许多名人都曾忍辱负重,历经失败的挫折。爱迪生为了发明电灯、诺贝尔为了研制炸药,都曾经历过无数次失败才获得成功。可见,失败是不可避免的,失败也并不可怕;可怕的是自己缺乏心理承受力,失去信心,对失败害怕,对自己失望。

教师要引导学生懂得这样的生活哲理——只有不怕摔跤的人,才能学会走路。

要让学生在学习和生活中,透过挫折看到坦途,战胜挫折迎来光明,"不管风吹浪打,胜似闲庭信步"。

2.培养学生自立、自强、自主的精神

在日常的学习和生活中,教师注重培养学生自立、自强、自主的精神,自己的事情要求自己做,遇到困难挫折时自己想办法解决,不要有依赖心理。如生字不会读,题目不会做,作业不能按时完成,上课听不懂,考试成绩不理想等,这些问题都要求学生自己想办法去解决,教师不要包办。

要加强心理素质教育,教育学生不要患得患失,不能以一次失败论英雄。如果失败了,要鼓励学生开辟另外的道路,寻求解决问题的方法。教师要以自己的一颗平常心去培养学生的一颗平常心,绝不能因学生做得好、考得好就满心欢喜,做得不好、考得不好就指责不已。教师不能打击学生的积极性、自信心,不能破坏学生良好的心态,而要培养学生健康的心理素质。

要多鼓励、少批评,激励学生战胜困难和挫折。教师要讲求民主、平等,要尊重学生,不能伤害学生的自尊心。教师要看到学生的努力和进步,只要学生付出了努力,克服了一点困难和挫折,取得了一点成绩,就要多鼓励,多表扬。教师只要恰当地运用激励的方法,学生就会信心倍增,有足够的勇气面对困难和挫折。

3.教育学生积极面对挫折、及时排解挫折

教师要经常观察学生,及时发现学生遇到的各种挫折,及时进行抚慰、疏导,帮助学生排解挫折。学生遇到挫折时,教师要与学生一起寻找解决问题的方法。要告诉学生没有战胜不了的挫折;面对挫折,重要的是找出解决问题的方法。

教师可以与学生共同探讨排解挫折的各种方法,这些排解挫折的方法主要有:①理智调控;②遗忘调控;③转移调控;④宣泄调控;⑤升华调控;⑥同情调控;⑦暗示调控;⑧音乐调控;⑨自慰调控;⑩自控调控。

教师要让学生从挫折中得到启示。对学生来说，每一次挫折都是一次锻炼、成长的机会。在学生经历了挫折之后，教师要引导学生进行反思，及时进行总结，使学生能够从挫折的经历中得到宝贵的经验教训。

4.要鼓励学生多参与各种实践活动，培养学生顽强的意志和毅力以及百折不挠的承受挫折的能力

在学习中内容的讲解、练习的设计应由易而难、循序渐进，在学完基础内容之后，可引导学生攻克难题。在考试时，试卷中间可设置一些难题，试卷前面和后面的题目可相对容易一些，这样可以锻炼学生的心理素质。

在家庭生活中教育学生主动参与家务劳动，学会独立生活，勇于经受生活中的各种磨炼，敢于与困难作斗争。

在社会活动中，组织学生适当从事公益劳动，组织学生到工厂、农村参观调查，体验生活，组织学生参观革命纪念馆，组织吃苦夏令营、军训夏令营、体能强化班，让学生去经历风雨、见世面，多接触社会，多了解社会，增强学生与困难作斗争的勇气和能力。

教师要通过这些活动，逐步培养学生面对挫折、经受挫折、排解挫折的能力，培养学生超常的意志和毅力，使学生成为祖国新世纪所需要的人才。

第四节　欣赏、创造生活之美能力的培养

一、美的概念及存在的形态

什么是美？美是一种客观物质性的存在。它存在于自然界中、生活中。同时，美具有功利性和感染性。美的功利性是说美总是对人有利、有用、有益的，它总是要和一定社会的人的实践目的相联系，和一定社会的人的利益相联系。美的感染性是说美总能引起人的一种喜悦之感。美所以具有功利性和感染性，是因为美的事物

中总是包含了人类一种最珍贵的特性，体现了人最本质的力量的自由创造。

美的存在形态有三种，即自然美、艺术美、社会美。

自然美，是指自然事物的美。如日月星辰、花鸟虫鱼、山川湖海等。在人类社会出现之前，自然界早已存在，但无所谓美丑。自然景物的色彩、形状作为一种形式美可以直接引起人们的美感。极地的极光、九寨沟的五彩池、科罗拉多大峡谷、非洲维多利亚瀑布等，这些自然美景，让人叹为观止。

艺术美，是指艺术作品的美。尽管艺术美来源于客观现实生活，但它并不等于生活，它是艺术家按照规律进行创造的产物。艺术美的本质就在于它的审美特征，艺术是在满足人们的审美需要中给人以精神影响的一种特殊产品。中外世界名著《红楼梦》、《乱世佳人》，经典影视剧《哈利·波特》、《卧虎藏龙》，传世的雕刻艺术《维纳斯》、《大卫》，巨匠的名画《蒙娜丽莎》，宏伟的建筑金字塔、万里长城等，这些艺术之美都极大地满足了人们对于美的需求。

社会美，是指社会生活中各种事物的美。它直接体现了人的自由创造，同时也体现了指导人们进行自由创造的社会理性。社会美直接表现在创造性劳动中的人与事上，也表现在人们为进步的社会理想而进行奋斗中，还表现在人们日常的生活、学习、友谊、爱情、家庭等社会活动中。平凡生活中平淡却真实的体验、学习经历痛苦煎熬过后成功的快乐、朋友间无私的帮助、恋人间美好奇妙的爱情、家庭中相扶相持、同甘苦的经历，无不体现了社会之美。

二、美育的作用

美育对于中小学生而言至关重要。美育有以下作用：

(一)认识启发作用

审美为中小学生了解客观世界打开了一扇特别的窗口。美是以真为基础的，审美活动在带给人们审美享受的同时，还会带给人们对客观事物的真的把握，帮助学生从审美的角度获得对大自然和社会的认识,这就是美育的认识启发作用。

(二)道德感化作用

美育是使中小学生走出道德迷宫的一条捷径。"真"是美的前提,"善"是美的基础,在真、善、美三者之间,美与善的关系更直接、更具体。虽然善的事物不一定都美,但美的事物都应该是善的。学生在接受美的熏陶时,常常会受到一种潜移默化的善的感染,使他们自觉不自觉地变得纯洁高尚起来,受到美育的道德感化。

(三)情感陶冶作用

情感是人对客观事物是否符合自己需要的态度的体验。情感反应是人最常见的心理现象,它常常伴随着人的其他心理活动和实践活动,直接影响着人的精神生活。通常一个人的个性发展越自由、越全面,他的情感体验也就越丰富、越深刻;一个人的精神世界越充实、越完善,他的情感体验也就越积极、越健康。中小学生处于发展时期,正是情感发展的快速形成期,情感体验具有敏感、丰富、社会化水平高等特点,同时又具有复杂、不稳定、易受暗示等特点。而情感的正常健康发展,直接关系到自由全面的个性发展和充实完美的精神世界的发展。因此,对中小学生既要重视智能开发,也要注意情感培养。美育本质上是一种情感教育。在审美过程中,美不是直接诉诸人的理智,而是诉诸人的情感,美的事物和美的形象将人们带到一种"忘我"的境界,并引发出各种丰富的情感反应,产生情感交流和共鸣,获得某种精神上的愉悦和满足;同时在美的熏陶和感染下,滤掉情感中的"杂质",使情感纯洁和高尚起来。所以,美育对训练、陶冶中小学生优良的情感品质,具有其他教育途径难以比拟的作用。

(四)智能开发作用

一般认为,提高智能主要靠智育,因而人们往往对美育开发智能的作用认识不足。实际上,审美对于开发智能、美育对于促进智育有着很大的作用。就审美对智能活动的主要影响而言,它可以培养人们敏锐的感知力、细致的观察力、深刻的理解力,尤其是丰富的想象力和科学的思维方法。审美艺术活动为人们想象力的发展提供了广阔天地,使人们在自然、社会、科学、艺术、哲学等种种不同领域所构筑的大千世界里自由飞翔。通过审美,还能使人受到一种有效的"形象思维训练",使大脑两半球平衡协调发展,将形象思维和抽象思维结合起来,进而促进整个智能发展。

(五)心理调节作用

中小学生处于身心成长的关键时期,这个时期心理矛盾很多,美育对于疏导学生情感、保持心理平衡、促进身心健康能够产生明显的作用。情感是心理健康的晴雨表,而美育就是一种情感教育,当学生沉浸在美的享受中时,美的内蕴如甘甜的雨露滋润着人的心田,使学生的精神得到愉悦,情感得到净化,心理紧张得到放松,心理负担得到转移,从而促进情绪调节和稳定,保持或恢复心理平衡。

美对于中小学生来讲,是阳光,是水分,更是氧气,必不可缺。

三、培养学生欣赏、创造生活之美能力的途径

如何让中小学生能有一双善于发现美的眼睛、体会美的心灵、创造美的动力呢?这需要学校教师、家庭父母、社会各界以及各方面集中力量,共同来做出各自的努力。

(一)要培养学生正确的审美观点,使他们具有感受美、理解美以及鉴赏美的知识和能力

1.在教学中让学生学会发现美、欣赏美,培养学生的审美

审美教育是指以陶冶人的情感,培养人的审美、表现美、创造美的能力为目的的一种教育。在培养中小学生审美能力中,各科的教学就是最有效的途径。

例如,语文学科建构的领域正是审美教育开展的广阔天地。人物美让学生感受

到人物的形象美和心灵美，告诉学生要做一个怎样的人。诸葛亮的足智多谋、贝多芬的执着顽强、鲁滨逊的积极乐观……这些人物无不以他们的鲜明性格，给人带来情感的震撼，让人领悟人格的魅力，使人得到美的愉悦。情感美使学生切实体会到人的心理活动的感染力，能够培养学生具有丰富的感情。《七子之歌》中处处体现着离开母亲怀抱的游子，渴望重新投入母亲怀里的迫切之情，"三百年啊，梦寐不忘的生母啊，请叫儿的乳名，叫儿一声澳门"，这种情感让听者动容，让学生产生情感上的共鸣。语言美让学生感受到母语语言文字的美妙所在，并能自觉地在实际生活中自由驾驭和运用美的语言。比如同是写"莲"，就有周敦颐咏叹的"香远益清，亭亭净植"的神韵，"出淤泥而不染，濯清涟而不妖"的情操；杨万里笔下的"接天莲叶无穷碧，映日荷花别样红"的美景；朱自清描绘的似"亭亭的舞女的裙""远处高楼上渺茫的歌声"的优美等。语文教学中的美育正是以这种美的素质培养来支持着素质教育。

教授鲁迅先生的《从百草园到三味书屋》一文，传统的教学模式下，无非是让学生在处理完生字、新词后，引导学生如何分析童年的乐趣与死板的封建教育的区别。学生没有那种生活体验，自然也就不能很好地进入角色。倘若在教学中运用美学的理念，那就不一样了。教师在一番情境导入后，引导学生联系自己的亲身经历去体味：沿着"碧绿的菜畦"，抚摸着"光滑的石井栏"，爬上"高大的皂荚树"，一边吃着"紫红的桑葚"，一边注视黄蜂采花，细听油蛉唱歌，欣赏蟋蟀弹琴……那种有喜有乐、有声有色、有惊有险的乐趣自然会给学生留下深刻印象。作者对百草园恋恋不舍，并非那里的一切都是美好的，其实，说白了那也只不过是一个被废弃的、荒芜的园子。那里的一切在儿童眼里处处都美好，是因为无论中学生还是小学生都有自己的审美眼光。经过引导，学生在学习过程中就能轻松地体会到作者为什么对百草园如此留恋却不愿去三味书屋的原因了。美育不仅使学生记得牢固，还从中得到了美的享受，为在今后的学习中更好地发现美、表现美和创造美奠定了基础。

除了语文教学之外，数学教学中的图形构成的对称图形美、美术教学中鲜明生动的造型和富有情趣的色彩构成的艺术美、音乐教学中欢快的乐曲和参与演唱的体验美、体育教学中力量和动感的运动之美等，只要教师具有培养学生审美教育的理念，无论什么教学，都可以对学生进行欣赏美、感受美的培养。

2. 在生活中使学生明白什么是真正的美

生活的美，是由社会生活的主体人和由人创造的社会生活中的物质、精神产品所组成的。人类的社会生活内容是极其丰富多彩的，人在社会生活的各个方面都是主体，所以，人就成为审美的主要对象，是社会生活美的集中体现，也是美术家艺术表现的主要对象。对社会生活的审美能力主要表现在三个方面：

(1)真正之美是善于发现人的形象美

人的形象美包括相貌、身体、动态、服饰、行为、风格等外在的美。人的外在的美具有形式美的特性。人的内在的美——精神品质、心灵、情操必然对外貌有着深刻的影响。

相貌之美有人说那是天生的。其实，除了天生之外，还有很多因素可以影响到相貌之美。中小学生正是处于长身体的黄金时期，浑身洋溢着青春的活力，这会使学生们脸色红润，散发健康之美。这种自然美有先天因素，也要靠后天锻炼发展而得到。如体育锻炼，特别是体操、健美操、韵律操等，都会使学生们身形挺拔，具有曲线美。

俗话说"人靠衣装"。人的装饰、发型等的确能丰富形象美或弥补相貌的某些缺陷。但是，学生一定要穿适合自己年龄的服装，选择大方、美丽的发型，这样不仅能使学生自己产生美感，也能成为其他人的审美对象。现在很多中小学选择的校服，都具备能使学生产生美感的作用。

对学生进行有关服饰、发式等相关的审美教育非常必要，这要学校教育和家庭教育共同发挥作用，才能达到更好的效果。

学生无论是什么发型，头发都应该梳理整齐，无异味，无异物。一头乱蓬蓬充满异味的头发，绝对不会令人产生好感的。但是，随着时代的发展，很多中学生开始跟随社会流行元素来打理自己的发型，很多家长和教师不是很认同。关于美的理念，也应随着时代的改变而相应改变，只要学生不是把所有的精力都投入到自己的发型上面，新发型又不是极其夸张的话，教师和家长大可以用欣赏的眼光来接受学生的新发型。

学生应该修剪指甲，指甲留得很长，并不意味着高雅和美丽。同时，手指上面的修饰戒指等装饰物，不应过多。

(2)真正的美是对社会生活内容的审美

也就是说，要培养学生善于发现社会生活中美好的一面，并为之描绘、歌颂。

什么是社会生活中的美？每个人都有自己的定义。要让学生发现社会生活之美，必须使学生具备发现生活之美的心灵和眼睛。

学生们身边的大自然、社会、生活环境就是最好的老师。特别是大自然以它的变幻莫测、美轮美奂吸引着中小学生，引发中小学生对大自然进行探究的浓厚兴趣。让学生们去大自然中发现美、认识美、体验美，是启发学生美的感受、带给学生艺术享受的最好的方法。

泰山云海中喷薄而出的红日、九寨沟神奇色彩带来的视觉盛宴、尼亚加拉大瀑布宏伟的气势、科罗拉多大峡谷层层叠叠中透漏出的时光隧道等，这些无疑都会使学生感受到大自然的美妙进而充分享受自然的绝美景色。

生活之美，主要美在内心感受。只有心怀感恩，才会有美的感受。自然之美，除了有视觉、听觉的感受，还有文化、艺术的结合。因为人的心灵恰恰不是花天酒地的"醉"美，而自然纯洁之美才是内心需求的最高形式。人一旦怀有了感恩之心和内心之美，人就会越来越接近内心，也越来越接近自然。不仅心美了，人也逐渐美了起来。生活也自然在心里不断艳丽。

所以，培养学生感恩之心和对事物、其他人的欣赏之心，那么生活之美将会呈现在学生们的心中和眼中。

(二)培养学生艺术活动的技能，发展他们体现美和创造美的能力

许多学校建立声乐、器乐、舞蹈、美术、书法、陶艺、工艺、摄影、戏剧、文学社等多种艺术活动兴趣小组，让每一个中小学生至少掌握一种艺术技能。艺术活动技能实质上是一种情感教育，是引发灵感、促进创新的教育。

艺术教育不能片面强调对知识的传授和技能的训练，走入机械学习的窄胡同。而应该提供和利用一切条件让学生主动地去感知，加深审美的理解力，有了理解力就能更好地把握所弹奏的曲子的主题，去构思自己想画的"作品"。

让学生在午后落日的余晖中，眯起眼睛，细细聆听老师弹奏的钢琴曲，在头脑中想象出画面来，这种美好的感受足以成为今后练习的动力。远比教师无时无刻不在提醒学生"手型、手型"更令人产生愉悦的情感。

如果教师手把手地教学生跳舞，让学生照着老师的范画临摹，教学生机械地弹曲子，去迎合家长所谓的"教学效果"，那么结果只能使学生无形中受到了束缚，而阻碍了学生智力的发展。应该用"引导——发现"式来取代"示范——模仿"式，以最大限度地使学生自由发挥，自由联想，把"枯燥的训练"改变为"情感陶冶"，尊重学生的独立意识，接纳学生的一切艺术"作品"，并鼓励学生大胆创新。

艺术活动技能是美育的核心，是促进学生形成艺术审美情趣，培养学生感受艺术美、鉴赏艺术美、创造艺术美的教育。近年来，科学研究表明，人的创造性潜能展示越充分，对其他各方面发展的促进就越有效，人的整体素质也就越高。艺术技能

活动是一个切入口，它会给予学生一个想象的空间，满足表现需要的天地。因此，艺术活动技能促进了学生创造性思维的发展，另一方面创新思维的发展也开发了学生的艺术潜能。

自信心的培养在艺术活动技能的形成中亦很重要。如果教师或者家长能把学生的美术作品，哪怕是刚刚初学的作品拿出来举办一次小画展或给一个学习乐器的学生举办一个小型聚会，让学生弹琴唱歌、跳舞，哪怕唱的歌还不够准确、跳的舞步还不是很熟练，但是只要拥有了这样展示的机会，学生就会从成功的喜悦中获得快乐和自信。

在艺术活动技能培养的过程中，要根据学生身心发展的特点和个性差异，提出适合其水平的任务和要求，使其经过努力能完成。过高或过低的目标，都对学生的技能培养无益。在培养艺术活动技能的过程中，要弱化学生依赖、懦怯等消极品质，使他们养成自信、勇敢、果断等积极品质。

在艺术教育的过程中，还必须培养学生良好的性格。有的学生弹得一手好琴，或舞姿优美，或绘画才能高于其他学生，就容易产生自骄、瞧不起同伴的心理。这时教师要及时纠正，从严要求。有的学生一知半解、马虎，教师要通过艺术形象去感染他们、启迪他们，使他们按照要求和评价去调控自己、学会观察、引发兴趣，形成内动力。增强积极因素，削弱消极因素，在艺术教育中学生会增强信心，学会自我控制，从而充分发挥非智力因素对智力和能力发展的动力作用、习惯作用和补偿作用，为学生将来的发展奠定良好的基础。

除此之外，养成阅读的习惯、诱发学生旅行的愿望、培养对美食的渴望等，也都是使学生能够感受到美、体验到美，甚至是能够为自己创造美好的途径和渠道。

第四章　学生融入社会的能力及培养

第一节　与人交往、沟通能力的培养

意大利著名教育家蒙台梭利曾说过："儿童是一个具有生命力的、能动的、发展着的、活生生的人，他们需要交往、渴求交往。"

意大利洞穴专家蒙塔尔曾经做过一次实验，看看在一年时间里，在一个68平米设施齐备、连娱乐健身设施也一应俱全的溶洞里，每天可以写作、看书、娱乐、健身、给果蔬浇水等，但就是不与人进行交往，自己能否适应。一年之后，他的体重下降了21公斤，脸色惨白，免疫力几乎为零。如果有两个人同时问他问题，他的大脑就会紊乱。他变得情绪低落，不善与人交谈，几乎丧失了交往能力。

蒙塔尔后来总结："过了一年我才知道，人只有与人在一起时，才能享受到作为一个人的全部快乐。这次实验使我明白了人生的奥秘：生活的美好在于与人相处。"

与人交往是作为社会人的本能心理需求。一个人生活在世界上，除了最基本的吃、穿、住、行等生理需要之外，还有很多的心理需要。人具有社会性，就都需要与他人进行交往、沟通交流，得到他人的理解、信任、认可和帮助。人与人之间的交往，是一个人身心健康发展的基础和前提。

人离开了社会是不能独立存在的，生活在一个社会群体之中的个体，总是同社会广泛接触，同他人建立各种各样的联系，发生相互作用，产生人际交往。人际关系不仅是维系人与人之间关系的纽带，同时也是个体心理正常发展的基础和必要的条件。

在现代社会中，交往能力是学生必备的能力之一。但是在现实的学习和生活中，一些学生却存在着与人交往的障碍，不知道如何交往，不敢与人交往，严重地影响了他们的正常学习和生活。

中学生面临的交往问题，往往比小学生更多些，容易出现：

第一，闭锁性心理。处于青春期的学生，心理上有一个重要的特点，即闭锁性。这个时期的少年失去了儿童的天真，不太愿意随便吐露内心的感情。闭锁性心理的产生标志着一个人的长大、走向成熟，但也不可避免地带来了交往的障碍和内心的孤独感。闭锁性心理虽然是一个人成长中所必然出现的，但如果调适得不好，会构成渴求理解与闭锁性的矛盾，阻碍正常的人际交往。

第二，认知误区。正确的认知会促进学生的人际交往、而对人际交往中的自我、他人和人际交往过程等的不良认知，常常是影响学生人际交往、造成交往障碍的关键原因。例如，过高评价自己会引起自大，导致交往中盛气凌人或不屑与人交往；过低评价自己会引起自卑，羞于与他人相处，导致交往中的畏惧心态。自我评价又会直接影响对他人的评价。以自我为中心的人常常对他人评价偏低，而自卑心过重的人又会错误地过高评价他人，从而造成难以平等交往的局面。对交往本身的认识也会影响交往行为。如果认为交往只是为了满足自己的需要，从而忽视他人的需要，则会引起交往中断。

第三，情绪因素。交往过程中的情绪因素包括对交往的情绪反应、人与人之间的情感关系及心理距离的远近。学生感情丰富，心境易变，有时对人对事过于敏感，容易凭一时的好恶改变对一个人的看法，使得人际交往缺乏稳定性，产生各种障碍。此外，交往过程中的情绪反应是否适度适当，也影响着交往的发展方向。情绪反应过分强烈会给人以轻浮不实之感；情绪反应过于冷漠则易被人视为麻木无情。

第四，个性缺陷。研究表明，个性因素也是影响学生能否成功地进行交往的重要因素。一般来说，学生喜欢和那些个性品质好的人进行交往，不愿意同那些具有不良个性品质的人交往。有利于人际交往的个性包括真诚、热情、尊重他人、有责任感、谦虚、理智、友善等，其中真诚、热情是人际交往中最重要的品质之一。不利于人际交往的个性包括自我中心、缺乏责任感、不诚实、不尊重人、虚伪、冷淡、自私、嫉妒、固执、骄傲、自卑、贪婪等。许多学生的人际交往障碍来源于其不良的个性品质。

第五，交往能力不足。要成功地进行人际交往，就要有较强的人际交往能力。人际交往能力欠缺，就难以与人交往，更不要说成功地与人交往了。有些学生的人际交往失败是与其交往能力不足有很大关系的。这些同学在学校时只顾埋头读书，学习成绩拔尖，但很少注意与他人的交往、沟通。随着年龄的增长和年级的增高，面对多样化的生活，他们的人际交往问题就暴露出来了，并成为影响他们适应以后生活的障碍。这些学生往往已意识到了人际交往的重要，内心也有很强烈的交往愿望，但由于以前没有学会怎样与人交往，所以在交往中常常出洋相，遭挫败，有的人干脆退缩逃避。

增强自己的人际关系交往意识，培养良好的人际关系，这不仅是学生自己的需要，更是他们将来走向社会的需要。因此，教师在课堂教学内外创设良好的交往氛围，建立新型的交往关系，引导学生大胆地参与教学活动，参加社会交流，这样对促进学生交往能力的提高是非常必要的。

一是提高学生之间平等交往的意识。正如上文所讲，由于认知等原因的影响，很多学生容易以自我为中心，缺乏平等待人的意识。这就会容易导致学生与学生之间交往能力不强。因此，教师应该为学生创设平等和谐的环境，提高学生们的同伴交往能力。

二是教给学生互相交往的能力。由于现代中国家庭的客观原因，很多学生缺乏社会交往能力，这种能力的削弱影响了学生们的社会交往，这就需要我们教师培养他们的社会交往能力。如果一个人缺乏了互相交往能力，那么将来如何在社会上站住脚呢？当今社会上几乎没有一件事情是一个人就可以干好的，任何事情都需要集体的力量才可能获得成功。可见人与人之间的交往能力是非常重要的。

平时教师可以给学生讲名人交友的故事，表扬学生交往中出现的好的行为，使他们知道，要有良好的人际关系，就要有良好的个性品质。教师还可以教给他们一些具体方法：自己的表达要清楚、明白；要多使用礼貌用语；要学会耐心地听别人的表达；要学会对别人的事情感兴趣，会说"我赞成你的意见"、"我很喜欢你的安排"等，要学会宽容地对待他人，遇事要冷静；要能与他人合作，照顾和关心他人。例如，制定"互相帮助，共同进步"的班训，用班训去指导学生的行为；为了关心和帮助同学学好功课，不让一个伙伴掉队，经常想一想，有谁在学习上有困难、需要帮助等。

三是帮助学生交往的行为。由于各种各样的现实问题，引起学生出现孤僻、退缩、冷淡、压抑或其他的心理障碍。教师就要指导这样的学生积极参加同学之间的交往活动，使他们感受到交往的乐趣和他人的关爱，从而产生主动与同学交往的愿望。

学生学会与人交往，建立良好的人际关系，不仅可以使他们以积极的、热情的心态面对学习和生活，促进其学习进步，而且对其良好性格的形成、交际能力和适应社会能力的培养也有极其重要的作用。教师就应该让学生学会彼此交往，让学生们的生活更加丰富多彩。

有了良好的与人交往的意识和行为，学生还需要具有相应的交往能力。

一、应该培养学生良好的语言表达能力

语言表达能够体现一个人的修养。

案例4-1　师傅与徒弟的区别[1]

某理发师傅带了个徒弟，徒弟学艺后三个月正式上岗，他给第一位顾客理完发，顾客照照镜子说："头发太长了。"徒弟无语。师傅在一旁笑着解释道："头发长，使您显得含蓄，这叫藏而不露，很符合您的身份。"顾客听罢，高兴而去。徒弟给第二位顾客理完发，顾客照照镜子说："头发剪得太短。"徒弟又无语。师傅笑着解释："头

---

[1]　http://book.qq.com/s/book/0/15/15680/39.shtml

发短，使您显得精神、朴实、厚道，让人感到亲切。"顾客听了，欣喜而去。徒弟给第三位顾客理完发，顾客一边交钱一边笑道："花时间挺长的。"徒弟还是无语。师傅笑着解释："为'首脑'多花点时间很有必要，您没听说'进门苍头秀士，出门白面书生'？"顾客听罢，大笑而去。徒弟给第四位顾客理完发，顾客一边付款一边笑道："动作挺利索的，20分钟就解决问题。"徒弟不知所措，沉默不语。师傅笑着抢答："如今，时间就是金钱，'顶上功夫'速战速决，为您赢得了时间和金钱，您何乐而不为？"顾客听了，欢笑告辞。晚上打烊后，徒弟怯怯地问师傅："您为什么处处替我说话？反过来，我没一次做对过。"师傅宽厚地笑道："不错，每一件事都包含着两重性，有对有错，有利有弊。我之所以在顾客面前那样说，作用有二：对顾客来说，是讨人家喜欢，因为谁都爱听好话；对你而言，既是鼓励又是鞭策，因为万事开头难，我希望你以后把活做得更漂亮。"徒弟很受感动，从此越发刻苦学艺。日复一日，徒弟的技艺日益精湛，终成一代名师。

可见，说话真的是一门艺术，也体现一个人的修养和学识。哈佛大学前校长伊勒特说过："在造就一个'上流人'的教育中，有一种训练是必不可少的，那就是优美而文雅的谈吐。"

为了训练学生的语言表达能力，首先要让学生学会说话。

这里所指的说话，是指学生能够自己选择某一话题让其他人产生参与的欲望，或者就别人说谈话题，很好、很自然地融入谈话中，并且所说话题被其他谈话者需要或者喜欢。

自己选择某一话题让其他人产生参与的欲望，就要精心选择话题，满足对方的心理需要，首先可以从关怀对方着手。关怀和帮助是每个人都需要的，因此关心对方也是个永远受欢迎的话题。在日常生活中，无论是生理上还是心理上，都有各种各样的可以交流的话题，谈话时应尽可能地从某一方面去满足对方的需要。如果想要更好地融入他人已经展开的话题，那么按照说话人的逻辑和思维接着谈是很容易做到的，这样交谈得以继续深入下去。

学会说话，让话语产生奇妙的吸引效应，说话就要达到或悬念迭出，或自然流露。设置话题的悬念，是让话语特别吸引人的一种有效方法。如果学生在说话时能制造悬念，那么他的讲话一定能够引人入胜。悬念在讲述过程中，必须既能吸引人，又要叫人相信。另一种吸引人的方法，就是学生讲的话是自己内心情感的自然流露，言为心声，心里怎么想就怎么说，往往自然流露的话语更能打动听语者。

学会说话，同时还要注意讲话的时机。因此，教师就要注意训练学生准确把握讲话的时机，使学生在说的时候滔滔不绝，而在听的时候也能专心致志。这是一个有修养的人与他人交往的必备素质之一。

为了训练学生语言表达的能力，教师可以利用以下方法对学生进行课堂随练：

（一）朗读

很多不善言谈的学生一旦上课发言或者课堂演讲时，往往会出现"嗯、啊、呀、哦、这个这个、那个、也就是说"之类的累赘语气词，不但影响发言的效果，而且也会让自己没有自信。而许多教师都有这么一个体会，大凡诵读文章声情并茂、畅达流利的学生，他们的口头表达能力比较强。因为朗读能使学生积累丰富的词汇，熟悉语言的构成和规律，间接培养学生的逻辑思维能力和语言感知能力，对"说"的能力的形成起着基础训练的作用。同时朗读还可以强化训练普通话，是用普通话进行说话训练的开始。

对学生朗读训练可分三个阶段：

第一阶段，能流畅地通读全文。如果学生能够顺利、流畅地读完全文，必将增强自信心。学生通过目视其文，口发其声，耳闻其音，心通其意，意会其理，使朗读者达到眼、脑、口、耳相互协调、相互配合。

第二阶段，在流畅朗读中加入技巧。朗读时，强调声音弹性训练，强调音色运用上的变化处理，力求音量适当、语调自然、停顿恰当、节奏得法、语音抑扬顿挫。朗读技巧能力的培养，这是培养朗读能力的关键性阶段。

第三阶段，在朗读中融入感情。声情并茂地朗读，是朗读水平的最高层次。文章节奏各不相同，所表达的感情色彩也不相同，只有把握朗读基调，揣摩全文的感情色彩，才能以声传情，感染听者。叶圣陶先生尤其赏识"美读"，全神贯注地把作者的情感在诵读中一一表达出来,激昂处还他激昂,委婉处还他委婉,悲痛处还他悲痛。

另外,朗读还有很多神奇的功效。例如,国外研究者发现,朗读的作用和慢跑的效果差不多,是有助于均匀呼吸的有氧运动。在朗读时需要随时控制好气息,读到情绪高亢的地方心跳也会跟着加速,对心脏锻炼也很有好处。

朗读有这么多益处,老师们应该好好利用朗读来帮助学生,使学生能从朗读到流畅的说有一个自然的转变。朗读水平提高了,口头表达上才有可能灵活自如。

(二)讨论

在课堂教学中有意识地让学生相互探讨问题、发表意见,这样不仅能激发学生的自主思考的能力,而且还能锻炼说话能力。

课堂讨论的形式是多种多样的,在实践中比较有效的讨论形式有三种:

第一种,分组讨论,概括发言。针对具体的教学目标,设计具有研究性和开放性的讨论问题,以四人学习组为单位,由组长组织讨论,让学生充分发表各自的见解,然后在课堂上概括性发言。在小学中往往采用这样的方式进行讨论,效果很好。

第二种,自由组合,代表发言。在课堂教学中,围绕教学目标设计讨论题。由座位邻近几个同学自由组合,一起讨论,然后推举一个或几个代表在课堂上与其他组同学展开辩论。在中学中往往采用这种方式进行自由讨论。例如,《最后一课》教学中,教师设计了这样一个问题:小说中的主角究竟是谁?学生的意见分成三类:有的认为是小弗郎士,有的认为是韩麦尔先生,有的认为这两个人物都是主人公。根据不同的观点自由组合成小组进行讨论,每组推出自己的"发言人"代表自己组观点进行阐述,这种发言方式会引起课堂的辩论,锻炼了学生表达的能力,也会大大激发学生参与学习课文的兴趣。

第三种,独自思考,抢先发言。口头表达能力的培养,最大的心理障碍就是害羞。教师要消除一些学生害羞心理,就得在平时的授课中创建和营造和谐的、放松的、平等的教学氛围。学生置身于教师营造的良好发言氛围中时,胆子很小、很爱害羞的学生也会放下思想包袱,大胆开口说话。

　　课堂讨论往往贯穿于所有学科的课堂教学,讨论能否获得预期的效果,除了教师的积极鼓励外,关键是要设计好讨论的话题和讨论的步骤。当教师把一个又一个学生感兴趣且与学生自身经验密切相关的讨论问题呈现在学生面前时,估计所有学生都会跃跃欲试把"口"张开。

　　(三)演讲

　　这是在大庭广众场合宣传自己的意见、主张的一种交际形式。它是一个人口才的直接展示,能直接反映一个人语文素质的高低。中小学生都应具有演讲的能力。在中小学校内,每周一的升旗仪式,往往是很多品学兼优学生演讲的舞台。但是大多数学生却缺乏这个舞台,所以很多中小学生对于演讲有抵触情绪和畏难情绪。教师对中小学生进行相应的训练,可以使中小学生摆脱对演讲的恐惧和抵制。教师对中小学生进行训练的最直接有效的方法就是坚持课前演讲。每节语文课的课前安排3分钟-5分钟时间,让一位同学走上讲台,脱离讲稿说话,按照座位顺序循环往复进行,根据演讲效果即时讲评,即时亮分并记入成绩册。该项训练由易到难大致可以分三个阶段:

　　第一阶段,命题演讲。教师先给一个话题,让学生做一下必要的准备——文字内容的准备和心理准备。第二天在语文课前做口头演讲。这一阶段让学生明确演讲的形象要求——人要站直,目视同学,面带表情,不能有多余的行为动作。在表达上尽量要做到语言连贯,不出现累赘语气词。

　　既定话题的演讲,话题一定要精心和细致,既要具有趣味性,又要涉及学生的思想、学习、生活等方面,让学生有话可说。如《我就是我》、《我喜欢这样的朋友》、《我最喜欢的游戏》、《我想对(妈妈、爸爸……)说》等。

　　学生初次上台演讲,面对全班同学,都有可能产生面红耳赤、磕磕巴巴、忘词掉句的情况,这时正是对学生进行自信心修复的过程。教师要用语言帮助学生圆回演讲内容,并安慰和鼓励,对于下面发出嘲笑声音的同学及时制止和教育,鼓励学生把演讲内容进行完整。

第二阶段，选题演讲。教师不规定具体的题目，但要有内容范围，要求学生自由选择。如发布几条学生看过的新闻，要求具有新闻性，就是能一下吸引其他同学；讲述学生看过或者听过的笑话、故事，要求能让同学们哈哈大笑或者觉得有意思；赏析一个或几个名言警句，要求能让听者从中有所感悟；就当前时势发表自己观点，要求要有独到见解等。这一阶段不仅要想着自己讲演的内容，保证讲演流畅，还要逐渐转移部分注意力，去观察听众反应，及时调整演讲内容，做到"吸引同学的眼球"。

第三阶段，随机话题演讲。生活中的语言交流都有随意性和突发性，人们谈话的内容经常是天马行空，无所不谈。因此，说话能力的素质提高，还要注意培养学生对应变话题的表达能力。教师对学生进行随意谈话内容适应能力的训练具体做法是，教师事先拟好一些演讲题目，请学生随意抽取，并进行即兴演讲。

这三个阶段是一个循序渐进的过程，也是语言表达能力的一次飞跃。在训练中让胆量大、思路敏捷、口才较好的学生带头演讲，使这部分学生更为优秀，并起示范作用；让胆小缺乏自信的同学在成功的演讲中树立信心，凭借这种信心带动其他学科的学习。教育心理学认为，人与生俱来有一种自我表现欲望。如果能让学生在演讲过程中感受到成功和战胜自我的喜悦，那么就连平时沉默寡言学生的那种自我表现心理也被激发起来，这种内驱力会大大推动学生向更高层次去努力。

现代社会，是一个越来越注重人际交往的社会，所以教师要从小就开始培养学生的语言表达能力，让学生的谈吐真正成为一种能打动人心的艺术。

二、使学生知晓，适度的距离感是一种美

古人说："君子之交淡如水，小人之交甘如醴。"中小学生或许还很难理解这句话的真正含义，一定会疑惑，为什么好朋友之间不能朝夕相处、亲密无间呢？有则故事能做很好的解释。

案例4—2 "君子之交淡如水"

唐朝贞观年间,名将薛仁贵在尚未得志之前,与他的妻子同住在一个破窑洞中,衣食无着落,完全依靠王茂生夫妇的接济。后来,薛仁贵参军,在跟随唐太宗李世民御驾东征时,因薛仁贵平辽功劳特别大,被封为"平辽王"。一登龙门,身价百倍,前来王府送礼祝贺的文武大臣络绎不绝,可都被薛仁贵婉言谢绝了。他唯一收下的是普通老百姓王茂生送来的"美酒两坛"。

一打开酒坛,负责启封的执事官吓得面如土色,因为坛中装的不是美酒而是清水!"启禀王爷,此人如此大胆戏弄王爷,请王爷重重地惩罚他!"岂料薛仁贵听了,不但没有生气,而且命令执事官取来大碗,当众饮下三大碗王茂生送来的清水。在场的文武百官不解其意,薛仁贵喝完三大碗清水之后说:"我过去落难时,全靠王兄弟夫妇经常资助,没有他们就没有我今天的荣华富贵。如今我美酒不沾,浓礼不收,却偏偏要收下王兄弟送来的清水,因为我知道王兄弟贫寒,送清水也是王兄的一番美意,这就叫"君子之交淡如水"。

友情对于每一个人来讲都很珍贵。但是友情又很脆弱,过分的亲密并不利于它的成长。如果把友情比喻成一幅绝美的油画更为贴切,离得太近去看,看到的可能就是一堆斑驳杂乱的色彩而已,而远望才可看出画面的美丽和层次。

距离,是一门很复杂的生活美学,尤其体现在友情交往上。人们常常喜欢说"距离产生美"。的确,距离所产生的模糊与朦胧仿佛总是蕴藏着说不清的轻柔而温暖、含蓄而扑朔的美丽。于是,友情会在这种距离之美中诞生。因为有距离,朋友间不必怀疑是否真诚;因为距离,朋友间不用担心利益纷争;因为距离,朋友间可以诉说心中的秘密,而不用担心别人会知道。

教师应该告诉学生,好的朋友,如同阳光和雨露,会使一个人的人生更加美好,学业更有成。爱因斯坦曾说过:"人世间最美好的东西,莫过于有几个正直的朋友。"而保持合适的距离,会使友情永恒、长久。

距离是维持朋友关系最重要、最微妙的空间，有距离才有友情存在的空间，才能保持友谊的长久。

同学和朋友间朝夕相处、形影不离，开始时固然能感觉到亲密甚至甜蜜，但天长日久则难免会因互相妨碍而心生厌烦。孔子曾说："临之以庄，则敬。"意思是说，朋友之间不要过分亲近，要互相保持一定的距离，这样才可以获得对方的尊敬。

教师要告诫学生不要轻易侵入别人的私人空间，除非对方自己主动说起，否则即便是再好的朋友，也不要随便地打探、询问对方的私事。如果是同学主动说起，那也要注意替对方保密。过多地了解朋友秘密，则很容易介入对方的生活中，这样就容易让朋友心生芥蒂。

在与朋友交往中，还要注意一定不要对朋友的家人或其他朋友发表过多的评论，在不了解事情的是非曲直的情况下，保持沉默是最好的选择。

有一些青少年一旦遇到情投意合的好朋友，就想时时刻刻在一起，然而结果却总是事与愿违，长时间近距离的接触，难免磕磕碰碰、产生摩擦、产生口角，最终反倒使友情黯淡破裂了。其实，这就是因为学生不懂得朋友交往的原则，关系再亲密也要保持一定的距离。教师一定要让学生懂得适当地保持朋友间的距离，才能为双方留出足够的安全与独立空间。

关于交友，最直观的教育案例，就是让学生来观察教师与学生如何交朋友：

(一)用信任和赏识打开学生的心门

教师与问题学生的交往，应该让学生看出教师的诚意，让他们感觉到教师是真心想帮助他们和欣赏他们。"以心换心"是学生交往的最大原则。因此，教师应该抓住每一个教育的契机，先获得学生的信任。让他们觉得跟教师的交往、把心里话告诉教师是安全的。作业本上、课堂上一句鼓励的评语，一张温情脉脉的书信，一个眼神，约他们一起做一件事(比如劳动、运动等)，都将会是走进他们内心世界的钥匙。当然学生的类型有很多种，对于有的学生，我们教师是必须做好"长期斗争"的心理准备的。

此外，教师还应该注意，不能因为喜欢他们就去迁就他们偶尔也会犯的错误。教师与此类学生交往的主要意义应该是让学生们知道，只要他们努力向上，教师都会更加喜欢他们的，愿意成为他们的好朋友。让好学生成为与教师交往的典型人物，从而加强整个班级的凝聚力。

(二)要懂得与学生适度交往

和学生交友的时候，教师一定要注意自己的身份。即使是再懂事的学生，我们与他交往时都必须注意把握好分寸。

与异性学生的交往，更应该把握好尺度。交往的时间、地点、谈话内容等，都应该特别注意。教师与学生的友情，应该是属于那种兄长式的，因为我们的主要目的在于教育。

教师可以通过自己的言行向学生展示，把握尺度是一种艺术，距离要保持适度，既不能过分亲密，也不能过分疏远，否则，友情可能会流失。但是在保持适度距离的同时，要注意不要给人冷冰冰的感觉，这样也会让对方感到一种"拒人于千里之外"的冷漠。

这里列举几点关于交友的尺度以供参考：

1.自尊但又尊重他人。自尊是可贵的，但作为自尊者在交友中不能只尊己而不尊人，应该把自尊和尊人统一起来。

2.信赖但不轻信。信赖对方是获得对方信赖的前提条件，但是信赖也有一定的限度，切忌轻信盲从，否则往往会上当受骗。

3.表现自己但又不贬低别人。交往中适当表现自己是可以的，但若清高自负，贬低别人，只会令别人产生反感。

4.坦诚但不粗率。与人交往需要坦白诚恳，但不等于简单粗率，信口开河。

5.谦虚但不虚伪。交友必须保持谦虚的美德，不可高傲自大，当然也不可陷入虚伪的泥潭。

6.谨慎但不拘谨。谨慎从事是获得交友成功的重要条件，但谨慎不等于拘谨，怯懦和忸怩都不利于交友。

7.活泼但不轻浮。谈吐风趣幽默，举止愉快活泼，往往是交友的良好触媒，也是交友深化的催化剂。但活泼不等于轻浮，任何轻浮、庸俗的行为都会令人不快。

同学、朋友间的交往是心与心的交流，细水长流才能长久不衰，就像一种天地共存的默契，源源不断，地久天长。

三、令学生懂得，善于欣赏和善待身边的人，才能拥有朋友

古希腊有一句谚语："每滴水里都藏着一个太阳。"寓意是每个人都有他的优点，都有值得为他人所学习的长处。威廉·詹姆斯也曾说过："人，他最深刻的渴望就是得到赏识。"与人交朋友首先要学会先赏识、喜欢他们，并表达由衷的赞美，就能够赢得真诚的朋友。人性中最深切的心理动机，是渴望被人赏识。当这种渴望得到实现时，许多潜能和真善美的情感便会被奇迹般地激发出来。

在当今的社会中，竞争被看作是每个人都必备的品质。可是在竞争中，不免就会产生妒忌、猜疑、使用不正当的竞争手段等，我们在培养竞争意识的时候，就减少了欣赏他人的可能，让很多人都失去了生活上的幸福和平和的心态。

北京某小学生，父母均是大学教授，他从小生活在优越的家庭环境中，学习很多特长，如钢琴、主持、画画等。在学习上也很出色，在班级考试中一定要考到前三名。如果没考到，一定会闷闷不乐。为了使自己什么都得班级里第一，对待其他同学的缺点和不足，不是帮助，而是默默写在本子上，在班会或者课上发言的时候就会当众说出来，结果同学都不喜欢他，班级干部也不选他，尽管他学习很好。可以说，在学习上成功的喜悦并没有让他更快乐，不良的人际关系却时时刻刻影响着他的生活。

这位同学没有真正理解"竞争"的含义。的确，竞争可使人对活动产生更浓厚

的兴趣，增加克服困难的意志。但是，竞争是要有积极心态作为基础的，那就是首先要和自己竞争。战胜自己的惰性，战胜自己的不良学习习惯，要学会对自己进行前后的比较，看看自己哪些方面比以前有进步了，哪些方面比以前退步了，时刻反省，及时改进。如果能够超越自己，给自己找一个更高的可以超越的目标，激发起自己努力的欲望，也是可以的。但是，还是要保证心态端正，不能因为超越不了就产生嫉恨和诋毁。

在学生的学习和生活中，被人欣赏固然是幸福的，但是，并不是每个人都喜欢事事都成为最优秀的那一个，时时都成为被人欣赏的那一人。其实，作为能以平和心态去欣赏他人的人更快乐和幸福。教师和家长有时候对学生的"不求上进"很是苦恼和着急，尤其是家长。一位家长很是苦恼，因为他的女儿事事都不求进取，总是喜欢当其他同学的绿叶，并乐得其中。考试成绩也是中等，没有特殊的特长，家长总是在想，这样的女儿将来怎样在社会中生存？在一次同学聚会上，他带着女儿去参加，当别的小朋友为了"谁的爸妈更厉害"在那里激烈争吵时，他女儿一会为小女孩的歌唱鼓掌，一会帮助弹钢琴的小男孩翻乐谱，一会就静静地坐在那里欣赏着其他小朋友的表演。同学们纷纷夸赞他的女儿时，他突然顿悟了，在这个世界上，固然要有开得火红的花朵，可是也要有绿叶来陪衬，关键是内心要快乐和平和。

善于欣赏别人，不仅能给人以鼓励并带来喜悦，而且还能培养自己良好的道德情操和海纳百川之胸怀，同时也给自己前进的道路奠定基础。每个人的生活环境和成长经历不同，所以看问题的角度和处理问题的方法都不尽相同。如果能在生活和学习中，多用欣赏的眼光看人看事，就会给自己的生活增添一分幸福，给自己前进的道路减少一分阻力。

欣赏别人是一种能力、一种难得的处世之道。欣赏是情感的黏合剂，是生活的兴奋剂，是工作的催化剂，是一种催人奋进的力量。在当今社会，有的人与周围人的关系很难和谐，这其中既有别人的原因，也有自己的原因。从某种意义上说，我们不仅要接受他人的优点和长处，也要善于接受他人的缺点和毛病。否则，你在工作和生活中便往往不能与人融洽相处，很难有朋友，碰到困难也很难得到别人真心诚意的帮助。

案例4-3　《可能性大小》一课的人生启示

北师大版三年级数学《可能性大小》一课，一位数学教师的教学设计就体现了教师培养学生能够欣赏他人的品质。

课程的设计是这样的：

教师给每个小组发一个盒子，里面各有或黑或白的10个球，请每组的10位同学进行摸球游戏，并让组长进行记录，然后派一人来汇报小组摸球结果。经过同学们总结，得出的结论是：盒子里黑球多，摸出黑球的可能性就大，摸出白球的可能性就小；盒子里白球多，摸出白球的可能性就大，摸出黑球的可能性就小。教师综合学生得出的结论后总结：在一定条件下，数量多，得到的可能性就大；数量少，得到的可能性就小。同时让学生懂得"一定、不可能、可能"等词的区别。按理说，教师讲到这里，已经达到了课程原有设计的知识技能目标和过程方法目标。

但是这位数学教师并没有止步于此，而是说了这样一番话："同学们，今天我们学习了'可能性大小'，让大家懂得了'可能性'的含义。在今后的生活中，大家也会遇到类似的问题。我们在座的同学中，将来'有可能'诞生科学家、数学家或者资产百万的人士，虽然是有可能产生，但是不是一定会产生。如果在我们同学中间真的出现了这样的人，作为普通人的你会用什么心态来对待这样的同学呢？是嫉妒、产生敌意还是愤愤不平地说'当年他根本不如我'呢？都不要！我们学了可能性大小就应该明白，正因为科学家或者成功人士在社会群体中数量少，所以我们每个人能够成为这样人的可能性就小。如果我们成为普通人，说明完全符合今天所学的原理。那么，对待少数成功的同学，我们应该为他们能取得好的成绩而感到高兴，要学会欣赏他人的成功，同时把自己的人生过得精彩。因为不是每个人都能成为科学家或者数学家，但普通人也会有让科学家或者数学家羡慕并欣赏的方面。"

这位数学教师教会学生正确对待他人的成功，为学生将来的学习和生活奠定了幸福的基础。

一个不会欣赏别人的人，也永远得不到别人的欣赏。要想做到能够欣赏他人，首先要做到的是善待他人。善待他人是欣赏他人的基础。

在善待他人的基础上，学生才会发现，每个人身上都有值得我们学习的方面，才会产生欣赏他人之心。

如何善待他人呢？这是教师要通过潜移默化的教学和思想教育传递给学生的。

(一)善待他人，首先要从善待亲人开始

教育学生善待每一个人，首先要教育他善待自己的亲人，尤其是父母。当孩子降临在世上的那一刻，他就开始与人进行交往。最直接的人际关系就是与父母或者其他抚养人的关系。如果学生不能在父母生病的时候嘘寒问暖、端水送药，他就不会善待他的同学和教师。进入社会时，他也将怀揣一颗自私和冷漠的心，那么他得到的也将是孤独和冷漠。所以，善待父母、亲人，是学生学会善待其他人的基础。

(二)帮助他人，是善待他人的表现

在教育中，教师应该使学生明白，在帮助别人的时候，其实就在帮助你自己。因为在帮助别人的时候，无形之中已经把对别人的帮助和关心传递给了你帮助的人，对于你的帮助被帮助之人会铭记在心，一旦你需要帮助之时，他们会主动帮助你和其他需要帮助的人。为了使学生们能够更好地相处，融洽和发展他们的生存空间，教师需要让学生们学习更多的沟通技巧。许多利于交往的能力和性格是在集体生活和游戏中养成的，当然也包括善待身边每个人的性格特征，如团结、容忍、礼貌、大方、自尊、集体观念、服从等。这些品格在集体之外几乎不能培养。

(三)善待弱者，是善待他人的开端

教师还要教育学生善待生活中的弱者。在人性本能的里面，多少都有攻击性。

如果学生只向弱小者发泄心中的愤懑，他会在心里丢弃同情和正义。同样，这样的学生也会向强横者屈服。教会学生同情和善待弱者，心里会充满同情和善良，他内心冲动的力量，只为正义而发，这样的学生会有着高贵而崇高的品格。

（四）善待对手，是善待他人的最高境界

同时，教师要教育学生善待可能成为你对手的人。现代社会处处都有竞争，这无法避免。竞争的益处很多，但是产生的弊端也非常明显，如妒忌、敌意、憎恨等。教师要教育学生并使学生懂得，在学习中你的竞争对手固然是一种威胁，但是也正因为对手，才能让我们时刻警醒、不敢放松，才能让我们提高成绩、保持状态。所以，要感谢对手使我们保持斗志昂扬，教会学生善待包括对手的他人，这就是为学生未来幸福、快乐的人生奠定了基础。

案例4-4　"负荆请罪"

由古至今，有多少人因善待他人而被传为美谈。蔺相如因"完璧归赵"有功被封为上卿，位在廉颇之上，廉颇很不服气，扬言要当面羞辱蔺相如。蔺相如得知后，尽量回避、忍让，不与廉颇发生冲突。蔺相如的门客以为他畏惧廉颇，然而他却说："秦国不敢进攻我们赵国，是因为有我和廉颇。我对廉颇将军容忍是把国家的安危放在前面，而把私下的怨仇放在后啊！"这话被廉颇听到后，倍感惭愧，于是便负荆到蔺相如门前请罪。正因为蔺相如以宽容的心对待廉颇，善待廉颇，才消除两人的矛盾，才有了负荆请罪的故事流传至今。

生活中往往也是这样，善待别人的人一定能得到赞赏与尊敬。

案例4-5　奥尔德林人性的一大步

阿姆斯特朗在登上月球时因一句"我个人迈出了一小步而人类迈出了一大步"而家喻户晓，但同时登月的还有一个叫奥尔德林的。在庆祝登月的招待会上，一位记者提出一个尖锐的问题："作为同行者，阿姆斯特朗第一个登上月球而扬名你是否感到遗憾？"现场轻松的气氛一下子紧张起来，只见奥尔德林微笑着说："可是大家不要忘了，返回地球时我是第一个从外太空登陆地球的人！"全场给予了他雷鸣般的掌声。

聪明的人懂得善待他人，不会抓着错误不放，他会用自己的方式走出没有结果的故事。也许几年后人们会忘记奥尔德林，却不能忘记他那种能够分享朋友快乐、善待他人的美德。

常言道："赠人玫瑰，手有余香。"只要不是过分伤害人格尊严的事，有什么不可以容忍、忍让的呢？善待他人，与人为善，多一份坦然，增一份喜悦，更添了一份好心情。如此说来，善待他人不正是善待自己吗？

教师要教育学生从学会爱集体开始来善待每一个人。要多为集体做好事，例如，帮助生病的同学，帮助教师擦黑板。要遵守集体的规则，维护集体荣誉，如不迟到、早退，轮到自己做值日生，要早点到学校，并认真值日。不做可能会影响班级整体形象的事情等。这样做会逐渐让学生养成一种集体观念，放弃自私心理，为培养高尚人格奠定坚实基础。

瑞士心理学家皮亚杰研究过，只有两人以上的关系中才有道德发生。所以，只有当学生开始了与人交往的实际，道德意识才有可能发生。教师教给学生如何善待身边的每一个人，其实是一种道德学习。

在对学生进行各种能力培养的过程中，教师非常关键，不论是哪科的教师，只要有培养学生能力的意识，就能在自己所教授的学科中达到目标。

四、培养学生交往沟通的基础——合作意识

一个人无论能力如何，都需要和他人合作，并且你的合作伙伴会成为你人生中的重要人物。同样，学生在进入社会之前就应该懂得，合作是与人交往的必要基础。

21世纪已经到来，它就是竞争的世纪，如果要想在这竞争的世界里生存，那就要求人们具备竞争与合作的意识和能力。要想取得竞争的胜利，除了需要增强个人

的竞争实力以外，善于与别人合作将是至关重要的。

联合国教科文组织明确提出，要求学生"学会共处"。"学会共处"就是培养学生在人际交往活动中能与他人合作与共处。由此可见，合作精神、合作意识越来越引起教育界的广泛关注，也越来越来成为当代学生必须具备的一种重要素质。

在人际关系非常复杂的社会，如果缺乏合作精神，必定不受他人欢迎。缺乏合作精神和合作意识，最终的结果将会影响到学生的学习和未来事业的成功以及生活的幸福。

现在教师一定要让学生懂得，人的生存和生活都不是独立的，需要与他人相处、合作。合作是人社会性的需要，也是人本能的需要。学生在学校不仅接受科学文化基础知识和基本技能的学习，还在接受着各种能力的培养与训练。合作能力就是一种有必要培养与训练的能力。

大多数家庭的生活条件越来越优越了，再加上现在很多家庭都是只有一个孩子，不少学生已经成为家庭的"中心"。在这种情况下，"独生子"更容易成为"人人为我，我为自我"的自私者。很多"独生子女"根本不懂得与人为善的道理和必要性，除了自己，谁也不爱，谁也不管。如果家长在这方面缺乏对学生正确的家庭教育，容易使学生心胸狭窄、自私自利，容易产生猜疑、妒忌和仇视他人的心理，养成极端个人主义，缺乏合作精神，势必阻碍学生的未来发展之路，不能健康成长。所以，在对中小学生进行教育的时候，要处理好竞争意识的教育同合作意识教育怎样协调一致，处理好彼此之间关系的问题。

心理学认为，良好的人际关系能促进学生的认识、情感和行为三种不同层次的学习心理状态的提高。

提倡合作教育，教师就应有意识地在教学中为学生创设一个能在学校课堂教学中积极交往的平台，这对于学生形成良好的人际关系和合作意识，都是具有极大的促进作用的。

那么，如何培养学生的合作意识和合作精神呢？

（一）以故事为引子，引发学生的合作意识

故事是学生的最爱，学生都没有不爱听故事的。生动而富有寓意的故事常常能启发学生的心智，陶冶学生的情操。例如，为了让学生明白"为什么要合作"，教师可准备《五指兄弟》的故事，让学生通过听故事明白五指兄弟各自炫耀是不对的，离开了谁，都不能拿起沉重的物品，从而明白为什么要合作的道理。在听故事后再让学生对故事进行合理的剖析，就能加深学生对合作才能成功的深刻认识。

（二）以观察为线索，导出学生的合作欲望

合作在我们的自然界和社会生活中无处不在。人类如果没有合作，就不可能创造出如此发达的社会文明。为了向学生展示合作的伟大，教师可以组织学生去观察一些自然界的活动或劳动工人合作的劳动场面。如蚂蚁搬粮、蜜蜂酿蜜等，让学生通过观察理解蚂蚁和蜜蜂这两种小昆虫的团结合作精神所创造的神奇力量。再如高楼大厦的建造，需要工程设计师精心、精确的设计，需要建筑工人分工合作，齐心协力，按图施工，还需要装潢公司精心设计、装潢。每一道工序，都需要所有劳动者团结一致，合理分工，否则都是空想……这些生动的事例能给学生心灵以震撼，使合作的意义牢牢地在学生心中扎根。

（三）以案例为方法，指导学生的合作行为

在合作教育的过程中，教师可将学生平时在学校活动中不注意合作的现象拍摄下来或记录下来，用真实的事例向学生说明合作的重要性。如一位教师拍摄的学生值日的情景：值日时，学生缺乏合作的意识，要么都凑到一块儿扫一个组，别的组没人扫；要么觉得擦黑板好玩，都去擦黑板；或者围着一堆垃圾扫来扫去，就是没人装了去倒……学生看到这样的"实况转播"觉得新鲜，但很快从录像中发现了问题："那么多人扫一个组，其他组还脏着呢。""有的人往前面扫，有的人往后面扫，这不对，应该往一个地方扫。""那么多人擦黑板，太多了，一个人就够了。"这时，教师提醒学生："问题到底出在哪儿呢?"学生一点就通,一下子就发现根本问题在于:"他们不会合作!""他们应该分分工,有的扫地,有的擦黑板,有的专门倒垃圾。"生活中事例的拍摄真实,极具说服力,不仅让学生进一步明确了合作的重要性,而且学生还学会思考"怎样合作"的道理。

(四)以实践为准绳,检验学生的合作精神

组织开展一些合作性的实践活动,更能让学生认识合作的重要性。教师可安排一个抽球游戏,准备一个塑料瓶,用细线各吊几个小球放在瓶子里,瓶口仅容一个球出去。让小组的学生来用最快的方法把球抽出来。通过实践,每个小组的学生都知道一拥而上,比谁快是行不通的,他们须事先商量,排好顺序,才能很快地把球抽出来。在实践中获得的认识,将使学生永久性地记住合作的重要性。

同时,在培养学生合作技巧方面,教师应该要注意一些问题:

首先,要有意识地培养和锻炼学生的人际交往能力。

从培养学生遵从社交规则开始,比如在参与团体游戏的时候,要懂得"排队"的规则,在商量做哪项活动时,要知道"协商"、"少数服从多数"等。还可以教学生一些具体有效的社交策略,如当学生想加入其他人的游戏时,可以教学生友好地问:"我可以参加你们的游戏吗?""我想和你们一起玩,行吗?"或者教学生注意观察,如果学生在游戏中出现了麻烦,如搬不动东西时,可以主动上前提供帮助。

其次,教师要教会学生多注意观察他人的情绪变化。

对他人情绪的正确感知和做出积极反应是良好交往的基础。在日常生活中,教师可以通过看电视、做游戏等方式,教学生观察别人的情绪变化是如何通过脸部表情及肢体动作来表现的。引导学生学会思考自己的行为对他人会造成什么样的情绪变化。教师可以提出这样的问题:"如果你是他,你会怎么想?"让学生学会换位思考。这些都会帮助学生在今后的学习和工作中,在与他人合作、互动中获得他人的接纳与喜爱。

教师的责任是应该让学生知道和懂得，与别人合作其实是为了自己更好地实现目标。如果学生明白了这一道理，就会产生很强的积极性，然后主动地参加有利于产生合作关系的活动。当一个活动的目标和手段是参与者积极地相互依赖时，最可能产生合作关系。

这一切，都是培养学生合作意识的好方法。

附：培养学生合作意识的游戏——穿越生死网

1.项目类型：团队协作型

2.道具要求：网绳

3.场地要求：空旷的大场地、有两棵距离不超过4米的树

4.详细游戏规则：在两棵树之间用绳子织起网，有大小形状都不规则的十九个洞口，假想为有高压的网丝，在规定的时间内，队员要互相配合，在不碰触到网子的情况下全部穿过去，并且穿过的洞口不能再过人，而碰到"高压网"就表示任务失败，需要重新再来。在接到任务后，队长和队员充分发挥大家的智慧，广纳建议，制订穿越计划，共同协商协作，把每个人或抬着或扛着安全送过网洞，每次的成功换来的是大家的欢呼雀跃，最后所有的队员都顺利穿过了"生死网"。

5.活动意义：整个游戏凸显的就是团队合作，无论多么好过的洞口一个人都是不能保障通过的，而大家认为很难过的洞，在大家的合作下也都顺利通过了，可见团队的作用是很大的。一些看似无法做到的事情，在合作好的队伍中都是可以完成的，这个道理让大家在游戏中认识得更深刻了。

五、要让学生学会享受与人分享的快乐

分享是一种美德，更是一种快乐。萧伯纳曾经说过："你有一个苹果，我有一个苹果，彼此交换，每个人只有一个苹果。你有一种思想，我有一种思想，彼此交换，每个人就有了两种思想。"分享能够让人减少痛苦，获得快乐。

案例4-6 "无人分享的痛苦"[1]

从前，有一位犹太教长老酷爱打高尔夫球。在一个安息日，这位长老突然很想打高尔夫球。按照犹太教的规定，信徒在安息日必须休息，不能做任何事情。但是，这位长老实在忍受不住，决定偷偷地去高尔夫球场。来到高尔夫球场，空旷的球场上一个人也没有。长老高兴地想："反正也没人看见我在打高尔夫球，我只要打九个洞就回去，应该没什么问题吧！"

于是，长老高兴地开始打球了。他刚打第二洞，就被天使发现了。天使非常生气，就到上帝面前去告状，要求上帝惩罚这位长老。

上帝答应天使要惩罚长老。

这时，长老正在打第三洞。只见他轻轻地一挥球杆，球就进洞了。这一球是多么完美，长老高兴极了。

天使默默地注视着这一切。令她意外的是，接下来的几个球，长老都是一杆就打进去了。天使非常不解，而且非常生气。她又跑到上帝面前说："上帝呀，你不是要惩罚这位长老吗？怎么不惩罚他呢？"

上帝说："我已经在惩罚他了。"

天使看了看长老，只见极度兴奋的长老，早已忘记自己只打九洞的计划，决定再打九洞。天使不解地问上帝："我怎么没见您在惩罚他？"上帝笑而不语。

这位长老又打完了九洞，每次都是一杆就进洞，长老心里很高兴，但是，不一会儿，他就露出了不悦的表情。

上帝语重心长地对天使说："你看见了吗？他取得了这么优秀的成绩，心里十分高兴，但是他却不能跟任何人讲这件事情，不能跟任何人分享心中的愉悦，这不是对他最好的惩罚吗？"

天使这才恍然大悟。

---

[1] 张平 . 什么是最好的教育 [M]. 南京：江苏人民出版社，2009：282 .

分享是亲和社会行为的一种表现，是人们在积极的社会交往中经常采用的行为，它含有共同拥有、共用的意思，在有些情况下，还有均摊或参与的意思。分享是与独占和争抢行为相对立的，而后者常被视为自私自利的表现。从广义上讲，分享不仅包括对物质和金钱等有形的东西的分享，还应包括对思想、情绪情感等精神产品的分享，甚至还有对义务和责任的分担。分享对于一个人与社会的融合起着决定作用，它影响着人能否被社会接纳，能否适应社会，能否在社会上生存。如当人们主动与别人分享本属于自己独有的一份东西时，当人们提出对双方同样有利的建议、并付诸行动时，常常能赢得别人的好感，从而为进一步交往打下基础。而那些只习惯于独自享受，在为自己谋利的过程中，不顾别人利益的人是很难与人相处共事的。

有三方面因素会影响学生的分享行为：

一是年龄特征，体现出"自我中心"现象。"自我中心"现象是指学生由于心理发展的局限性而在认识和适应外部世界时总是不自觉地指向自己、站在自己立场上的现象。其突出表现是学生在行为处世时只想到自己而很难再想到别人，只关心自己而难以理解别人的感受，主观地认为别人所想的和自己所想是一样的，意识不到别人与自己有许多不同。随着年龄的增长和自我概念及你、我、他关系的建立，这种现象会慢慢有所改善。

二是特殊国情。在我国，如今的学生多数都是独生子女，他们被人捧着、护着，家中没有兄弟姐妹，缺乏与兄弟姐妹共同生活的经验及互爱互让的品质，属于他的东西从不需要分给别人，不属于他的东西父母长辈会千方百计为他弄来。加之经济迅速发展，家庭居室独门独户化，也为学生"独占"、"独享"行为的滋生提供了温床。学生成长在这样的环境中，容易渐渐养成凡事以自我为中心的习惯。

三是教师或者家长缺乏相应的教育观念和行为。学生不是生来就大方或自私，成人的榜样、教育态度和教育方式潜移默化地影响着学生的行为。

学生与学生之间、教师与学生之间的交流，都需要有一个可以体验学习快乐的平台，分享这种形式就是一个理想的选择。

　　学生如果具备一定的经验，他会产生渴望表达的冲动，如果遇到困难，他会有希望得到帮助的愿望，这样的心理都为分享奠定了基础，为心灵交流提供了可能。学生在讨论交流的过程中，更期盼有心灵的交流、情感的交融，分享则可以让学生的这种愿望得到满足。那么，在教育教学活动中，如何建立分享机制呢？其中最重要的就是要营造一种互相信任、乐于表现、敢于表达的氛围。这对教师提出了很高的要求，尤其是班主任老师，要建立良好的班集体，才能形成能够培养学生分享意识的平台和氛围。

　　教师一定要掌握好分享的时机，掌握分享的内容和方法，从班级的每一件小事做起。

　　(一) 小组活动时，让学生学会分享每个人的体验

　　小组活动是课堂教学常采用的一种形式，搞好组内分享机制建设非常重要。无论是提出问题，还是讨论方法亦或动手，每个环节都要有相应的策略和引导。

　　1. 在提出问题时，学会分享

　　学会把自己的问题让大家分享，并学会分享别人的思路，在这样的过程中，学会分辨哪些问题是有价值的，才能使提问的质量得到质的飞跃。如果是思考类的问题，思路越广，方法越多，角度越奇，越有价值；如果是探索类的问题，则越是探索，越直接有效。

　　要让学生知道，问题就是要分享的内容，每一个问题都可能对自己或对他人有一定的影响，要乐于把自己的想法表达出来，同时对别人的问题要表达自己真实的反应。

　　2. 在讨论方法时，要学会分享

　　比如在美术课上，在绘画和制作之前，经常要讨论方法，这个过程最容易产生

创新的东西，因此最有分享的价值。在动手绘制之前进行，教师可先提出明确的要求，同学也可提出一些注意的方法或提出疑问，每个人的建议都会对探索有所帮助。再进行交流，可以及时地矫正思路，对一些新现象、新问题进行分析，这时要分享的是观察，把自己看到的与别人分享，同时及时分享别人的思想。探索结束后，应有一个总结的过程，这个过程可以对探索进行新的经历及体验新的分享。

(二) 集体活动时，让学生学会分享大家的喜悦

集体讨论和活动结束时，就是成果展示的时候，这时应引导学生乐于展示、善于分享。积极地把自己的成果展示给大家，获得成就感。对每一个小组成员来说，他们可以从分享中产生精神的愉悦和自豪，这种经历和体验会为下一次的探索添加动力。鼓励小组让大家分享，并以各种形式来展示，展示自己新奇的发现，产生积极向上的氛围。即使是无果的和失败的，仍有勇气、毅力与别人分享。

在乐于展示的同时，要学会善于分享。这时的学习更多是间接的学习，要运用各种感官积极地摄入，这样，他人的研究方法、过程才有可能被积极地理解和接受。所以教师要做一个循循善诱的引导者，教会学生注意倾听，乐于接纳别人，这是良好心理特征的表现。

(三) 抓住教育契机，让学生学会分享他人的快乐

案例4-7 利用契机，学会分享[1]

新学期的第一天，我身边围满了刚升入新的年级的学生们。正当我忙着为他们办理报名注册时，"刘教师，这是我暑假去新疆旅游带回来的新疆葡萄干，请您尝一尝！"话音刚落，七八袋包装精美的各色葡萄干已经塞到我的手里了。是她——一个非常害羞的小女孩。我正准备拒绝，想说一些"你的心意老师领了，葡萄干还是带回去吧"之类的话，但看见她涨得通红的小圆脸上，一双黑亮黑亮的大眼睛里充

---

[1] 张平.什么是最好的教育[M].南京：江苏人民出版社，2009：285-286.

满了渴望。我不忍心伤害她，捧着还带着小女孩体温的葡萄干说："谢谢你，老师收下了。"顿时，女孩的小脸像盛开的鲜花，笑得那么灿烂，那么舒畅。回到办公室，我望着这些来自远方的新疆葡萄干，心里充满了被学生关爱的幸福与快乐。

怎么来品尝这一份快乐呢？猛然想到何不利用这些葡萄干给学生上一课呢？让学生和自己一起分享这份快乐，也让学生学着分享别人的快乐。

当我把葡萄干一起放在讲台上时，学生们的目光一下子全被吸引住了。这些葡萄干实在是太诱人啦！咖啡色的是巧克力葡萄干，白白的是奶油葡萄干，还有绿葡萄干、紫葡萄干和大得像瓜子的特大葡萄干……

我告诉学生这些葡萄干是班里的一个同学从祖国的新疆带来的，这一节课我们一起来品尝葡萄干，教室里立刻欢呼起来了。我还告诉学生为了更好地品尝这些甜美的葡萄干，我们先要了解这些葡萄干，为此，教师要带你们去美丽的新疆。

我打开了多媒体，教室里响起了优美的新疆乐曲，小朋友和着音乐摇头晃脑起来了。乐曲一结束，我开始播放新疆美丽的风光片：辽阔的草原上，马儿、羊儿尽情玩耍，扎满小辫的新疆小姑娘身穿长裙，边歌边舞。尤其是看到漫山遍野，家家户户房前房后的葡萄园里挂满了一串串五光十色的葡萄时，小朋友们情不自禁地惊呼起来，那么多的葡萄啊！我向小朋友们介绍，新疆吐鲁番有个葡萄沟，葡萄沟是个好地方。那里盛产水果，五月有杏子，七八月有香梨、蜜桃、沙果，九十月，葡萄成熟了，这时候，男女老少忙着采摘熟透了的葡萄。葡萄有的送朋友，有的招待客人，有的运往城市，还有的送到荫房晾制成甜甜的葡萄干。这里的葡萄干颗粒大，颜色鲜，味道甜，非常有名。同学们听得入迷了，想不到老师手里的葡萄干来自这么美丽的地方，还有这么多有趣的事……

我把葡萄干分给学生，他们小心翼翼地放在手心里，谁也舍不得吃。也不知是谁带了头，学生们有的说："我们的祖国还有这么美丽的地方，我有机会一定要去参观，看一看满山的葡萄，尝一尝美味的鲜葡萄，还要和那里的老乡一起制作葡萄干。"有的说："我们的祖国地大物博，好地方可真多啊！"也有的说："我们要谢谢某同学，是她让我们品尝到了鲜美的葡萄干，还知道了这么多有趣的事。"还有的说："我们也要谢谢老师，给我们上了快乐的一堂课。"

我问学生，今天，我们一起品尝了甜美的新疆葡萄干，也一起分享了某同学新疆旅游的快乐，我们应不应该谢谢她？学生们全部面向那个害羞的小女孩使劲地拍起手来。

快乐越与人分享，它的价值越增加。让学生从小学会分享别人的快乐，学会让人一起分享自己的快乐，有利于学生关心他人，与同学团结友爱，共建一个和谐快乐的班集体；也有利于帮助学生保持良好的情绪，愉快地学习与生活，形成健康快乐的心理。

教育是一种心灵的沟通，教育学生需要有良好的教育契机。当教育的契机悄悄地来到身边时，需要我们教育工作者及时把握，灵活运用，使每一个教育的契机成为一缕吹拂学生心灵的春风，成为一阵滋润学生心灵的春雨。让每一个学生健康快乐、茁壮成长。

第二节　融入社会与人交往必备的品质培养

一、真诚是与人交往的通关"密钥"

与人交往中，我们可以抵抗住谎言、欺骗和嫉妒，但是却抵御不了"真诚"。真诚是心灵之间的桥梁，是每个人在人际交往中都渴望达到的一种境界。我们经常听到这样的感叹，"人情淡漠"、"人心不古"、"没有真心朋友"。如果这样的感叹时常挂在嘴边，问题就很可能出在自己身上。

案例4-8　"真诚"的心理学实验[1]

1968年，美国心理学家安德森展开了这个颇有趣味的实验调查。安德森筛选出

---

[1]　http://blog.sina.com.cn/s/blog_4c16153d0100ogt9.html

了500个描述人的个性品质的形容词组成了一张调查表。所有参加调查的人需要在这张类似"菜谱"一样的调查表上选出自己最喜欢的品质，之后再选出其最厌恶的德行。

当所有的调查数据经过统计分析后，结果显示，在被调查者最喜欢的8个形容词中，有6个是直接与"真诚"相关的，分别为真诚的、诚实的、忠实的、真实的、信得过的、可靠的。而撒谎、虚伪、作假和不老实是他们最厌恶的品质。也就是说，真诚最受人欢迎，不真诚最令人生厌。

由此可见，作为人际交往中百里挑一的"招牌菜"，真诚具有一种巨大的人格力量，毫无疑问，一个人要想吸引别人，与别人保持良好的交往，真诚是必须有的品质和交往方式。

要想获得真诚，首先自己要展示出真诚，才能感受到对方的真诚。

在交往中如何表现出真诚？教师要通过训练和实践来培养学生如何在交往中表现出来。

（一）通过言行表现出真诚

要让别人喜欢你，愿意多了解你，与你畅快地交流，真诚是最快速的办法。在人际交往中，通过行为举止流露出真诚，可以被人迅速地感知，为加深人际关系添加砝码。

1. 眼神要稳定

左顾右盼和游离的眼神最容易出卖你心不在焉的态度。在说话或是倾听时，你的目光一定要直视对方的眼睛，但不是紧盯不放，而是满含笑意，目光温柔。

2. 面带微笑

微笑是一种令人感觉愉快的面部表情，它可以缩短人与人之间的心理距离，为深入沟通与交往创造温馨和谐的氛围。因此有人把笑容比作人际交往的"润滑剂"。

3. 身姿要端正

交谈中，没有人喜欢面对一个左右摇摆、肢体抖动、一副玩世不恭样子的人。所以，无论是坐姿还是站姿，都要端正。

4. 说话语气要柔和

诸如"好像"、"挺"、"是不是有点儿"、"很"、"特"、"我感觉你有点儿……"、"我的看法和你的不太一样，我的观点是……"等词语和句子将会让你的话语柔和很多，避免恶意的争吵和抬杠。与人相处，难免会争吵，不过要懂得心平气和、有理不在声高的道理，适时地退让一步，以消除无意的纷争，确保互动关系不会遭到破坏。口舌之争没有胜利者可言，即使把对方说得哑口无言，对方也会因自尊心受到伤害而怀恨在心，所以，逞口舌之快，即使赢了也是输。

禁用"三C"用语。所谓"三C"用语是指批评(Criticizing)、责难(Condemning)及抱怨(Complaining)等。与他人交流中，使用这类语言容易伤害对方的荣誉心与重要感，造成反唇相讥、不欢而散的结局。我们切记，在与他人相处的时候，必须避免使用"三C"用语，以免因此破坏了彼此良好的人际关系。

5. 注意语言要素

语音、语调、语速、语气上的变化也可以表现出关心和重视对方的情感与态度。譬如，在表达看法、建议或要求时，语速要尽量慢一些，过快的语速，容易使人产生压迫感。

6. 保持稍近距离

更近一些，不仅是缩短了你们的空间距离，而且拉近了你们的心理距离。因为人的心理可接受的握手距离通常在30厘米～70厘米之间，这个距离在心理学上称为"真诚感知距离"。

如同人际关系大师卡耐基说的，输出真诚就如同输出微笑一般简单，如果你做了，你很快就能相信自己，而后由衷的真诚感觉将随行动而至。

真诚换来的是别人或者对方对于我们的信任、欣赏和帮助。带给别人的是温暖和传递这份真诚的勇气。这对于每一个人来说，都是一种隐形财富。

(二) 通过行动证明真诚

1．对朋友表示真诚的关心

你对别人是否出自真诚的关心迟早会被别人洞知。关心并不需要我们付出多大的力量或使对方得到什么好处或利益，有时一句问候或关怀的话也会令人受用不尽，并赢得对方的接纳与好感。

2．尽力向别人提供帮助

危难时候显真情，当对方遭遇困难时，我们应该尽一己之力为他们排忧解难，这会让我们获得对方的由衷感激与善意回报。"雪中送炭"的力量非常强大。帮助别人正是换取别人帮助的先决要件，同时也是建立良好人际关系的基础。

3．保持谦虚谨慎

生活中，要学会示弱，适当地放低自己，这样才会赢得大家的喜欢。具备这样高尚的品质，有利于人际关系的发展和升华。

经常看到类似的现象，有的同学学习好，各方面都好，在班级里却并不受大家欢迎。如果不是他(她)性格问题的话，就是他(她)实在太优秀了。优秀到博得所有老师的赞赏，让其他也很努力的同学在老师面前毫无优点可言，优秀到无人能敌。无人能敌有时候其实就是说所有人都有可能成为你的敌人。与其这样，不如在某些方面展露自己的不足。偶尔一句"这个我可不行"，会让优秀的同学更加完美。

4．恪守微小承诺

说者无意，听者有心。诚实守信是做人的基本原则。而造成人信用缺失的并不是曾经许下的"大承诺"，反而是言谈中应承的"小事情"。就是因为这个诺言"小"，所以更容易被忽视、被遗忘，甚至是有的人会把这种应承"小诺言"当成一种无意识的行为。当这种无心的小诺言一次次地被忽略之后，许诺者的信用也就跟着降低了。所以，即使是在笑谈中许下的诺言，也要当成很严肃的事去完成。

二、尊重别人是尊重自己的基础

前苏联著名教育家苏霍姆林斯基说过："只有尊重别人的人，才有权受人尊重。"英国著名教育家斯宾塞曾说过："野蛮产生野蛮，仁爱产生仁爱。"

在学生心中播下尊重的种子，不但可以更好地与人交往，给自己创造出一个文明、宽容的生活空间，也会帮助学生自己获得一样极其宝贵的品质——自尊。

尊重，是人际交往的起点。不尊重别人的人，也不会得到别人的尊重。尊重别人，是每个学生必须学习和具备的品德。只有尊重别人的学生，才可能正视他人提出的意见，接受他人的建议。不尊重别人，就没有人愿意指点他、教育他。对他提出的忠告，他也绝不会接受，这样的学生很难进步，甚至很难在社会生存。

案例4-9　尊重的价值

马未都和几个朋友下乡去买东西，到了农贸市场，马未都就告诫朋友们："你们不懂的行业，尽量少说话，不懂的规矩要先问我。"朋友们都说知道了，大不了不买就是了。正往前走，看见一个老乡蹲在地上，面前就摆着一个白碗。马未都一个朋友过去，拿脚丫子对着那个碗就说："你这碗多少钱一个？"老乡的第一句话就说："这碗贵着呢。"这朋友愣了一下，问老乡："贵是多少钱？"老乡说："5万。"这个朋友根本不知道这个碗究竟值多少钱，他想求问于马未都，可是马未都转身就走了。这个朋友也想跟着就走，那老乡就说："按照规矩，你问完价格，得还个价格。"这个朋友走不开了，站着看着这个白碗，想了半天说："1000元。"老乡说："1000连我的本钱都还不够呢，你得加钱。"这个朋友还想这回这个价格恰到好处了，估计可以脱身了，没想到老乡说："我今天赔钱卖给你了。"这个朋友走不了了，如果他不掏钱买这个白碗，那就是等于自讨没趣，找打架，所以就从兜里摸出1000块钱给了老乡。他捧着这个碗，呼哧带喘地追上马未都问这个碗值不值1000元的时候，马未都说："这碗就值10块钱，但教训值990元，正好1000块，你不吃亏。"是的，当这个朋友用脚指着碗的时候，他就已经要付出代价了，因为首先他对于这个碗不尊重。990元买的就是一个宝贵的教训，那就是一定要尊重别人，尊重劳动，尊重世间万物。

同时，尊重亦有力量。

案例4-10　尊重的力量

有位商人看到一个衣衫褴褛的铅笔推销员，顿生怜悯之情，不假思索地将10元钱塞到推销员手中，而后扭头走了。没走几步，他突然觉得这样做不妥，于是连忙返回，抱歉地解释说自己忘了取笔，希望对方不要介意，还郑重其事地对推销员说："您和我一样，都是商人。"一年之后，在一次商务活动中，一位西装革履、风度翩翩的推销商迎上这位商人，不盛感激地自我介绍道："您可能早已忘记我了，而我也不知道您的名字，但我永远不会忘记您，您就是那位重新给了我自尊和自信的人。我一直觉得自己是一个推销铅笔的乞丐，直到您亲切地对我说，我和您一样是商人为止。"

没想到商人简单的一句话，竟使一个自卑的人树立起了自尊，使一个处境窘迫的人找回了自信，使他看到了自己的价值和优势。倘若当初没有那一句充满平等的鼓励话语，纵然给他再多的金钱也无济于事，也不会出现从自认乞丐到自信自强的巨变，这就是尊重的力量。

在现实生活中，很多学生总是以自己为中心，在说话和做事情的时候，丝毫不考虑和顾及其他同学的感受。给同学取外号，同学遇到困难时上前围观，在考试失败的同学面前表白自己取得的优异成绩，同学在课堂上答错问题时挖苦和嘲笑，这些现象都表明，学生们还不知道怎样去关注和尊重他人。

尊重是一种生活态度、处事方式和人生价值。要尊重他人的自由意志和选择的权力，即使是最亲密的朋友，再亲密的关系，都不能成为你代替别人进行选择的理由，不能成为你干涉他人隐私、不经邀请就介入他人生活的借口。

因此，尊重应呈现一种良好的行为举止。例如，不打断别人正在进行的谈话，要等说话人说完再发表你的言论；不在大庭广众之下做不文明动作，如抠鼻孔等动作；不要拿别人的失误、缺陷当笑料。礼貌的行为本身就是对在场人的一种尊重。

那么如何培养学生懂得尊重别人的品质呢？

(一) 要让学生感受到被尊重

在马斯洛的需要层次理论中，在生理、安全、归属和爱的需要都满足之后，人就会产生尊重的需要。尊重是基本的道德观念，是一种心理需求，它包括自尊和尊重别人两个方面。作为一个事物的相互两面，要想让学生懂得尊重他人，他们就必须首先得到尊重。学生获得家长和教师的尊重之后，他才能更好地尊重别人。

尊重学生是关爱学生的一个必要条件，如果对学生不尊重，就谈不上关爱学生，这是很浅显的道理。教师只有尊重学生，学生才能相信教师，而且学生对教师产生信任之后才能感受到教师的谆谆教诲正是对其付出的关爱。

案例4-11　真正的教育是尊重学生

一位高一新生因为不适应高中学习生活，从入学时的班级第一名跌至期末考试时班级倒数第一名，原班主任以为该生可能在中考中有作弊行为，这种臆测实际上就是对学生的不尊重，结果造成该生自暴自弃，其家长也一度对孩子的发展失去信心。

之后，该生再也不想在原学校读书了，就转自另一所学校就读。学校教师一开始就找他细心谈话，尊重他的选择，鼓励他不断进取，新的班主任还特意安排他担当小组长，定期询问学习情况，及时为他排出心理杂念等。一个月不到，该生的精神面貌明显改观，学习成绩也开始好转，其家长来校时反复说："是这所学校的教师救了孩子，作为家长真是十分感谢，孩子今后永远都不会忘记的。"

作为教师，在传道、授业、解惑的同时，必须尊重学生的人格尊严。

作为家长也应尊重学生，让孩子感受到被尊重。

案例4-12　女儿渴望爸爸蹲下来[1]

我的爸爸又胖又高，身体像座宝塔，我长到现在，还跟他差半米，跟他说话，我要仰着头。说不清的时候，他会烦躁，扇子一般的大手一挥："去去去，看你的动画片去，我忙着呢。"

我知道他很爱我，但我就是不知道怎样和他说话。我曾经对爸爸说："爸爸，你能蹲下来和我说话吗？"爸爸却嬉皮笑脸地说："爸爸太胖，蹲不下来。"

跟爸爸说句话很不容易。

去年10月，我参加"美国皮克斯动画展"。一个阿姨问我："小朋友，你想问骆大使一个问题吗？"我怯怯走到他身边说："大使先生，你小学时候功课怎么样？"大使惊讶地回过头，用英语说："为什么问这个问题？"我回答道："我英语考了82分，妈妈骂了我。"我没有说自己快没信心了。

骆大使和翻译单膝跪在我的面前，我惊呆了。

我没有记住多少他的话，我的脑海中只有他们跪下来的画面。

那时候，我在想："什么时候我的爸爸，可以跪下来跟我说话？"

后来照片上了报纸。我爸爸一个朋友说："美国大人都这样，这是教养。"

我爸爸很赞赏这个方式，认为这是给弱者小孩平等的机会。但他只做了两次，又回到原来的样子。

真的，我觉得大人想改变自己，比小孩都难。我对爸爸说："爸爸你说应该跟我平等对话，为什么不能像骆大使一样跪下来跟我说话呢？"爸爸愣了一下，说自己

---

[1] 杨芷湄．请您"跪"下来跟我说话[J]．意林，2012（15）．

在云南爬山，膝盖坏了，以后再说。

我不知道这个"以后"会多久。

我梦见自己长大，跟爸爸一样高，这样他用不着跪下来跟我说话了。

5月8日爸爸过生日，我帮他收拾了房间，还制作了漂亮的贺卡。爸爸高兴极了，抱着我"宝贝宝贝"地叫，问我要什么。我对他说："我的要求很简单，如果我是你的宝贝，就请你跪下来跟我说话。"

看到孩子那么需要家长对他们的尊重，作为家长和教师，是否应该认真思考一下呢？

(二) 要让学生看到自尊和尊重他人的楷模

教师是教育教学的实施者。教师对于学生应该形成尊重，因为学生都有"向师性"，教师是学生学习的楷模，所以，教师尊重学生就等于向学生传递着要学生尊重教师的信息。教师把尊重的概念转化为自身的行动并传达给了学生，学生在潜移默化中领略到了尊重的含义。

(三) 教师要利用各种机会教会学生尊重他人

教会学生尊重他人，一定要充分利用日常教育教学中的每一个教育契机，抓住教育时机。

案例4-13　教师言传身教话"尊重"

上课的预备铃打响之后，教师站在教室门口准备上课。这时，一名迟到的同学匆匆从走廊的一侧跑过来，并没有理会站在门口的老师，直接闯进教室里，由于太匆忙，把教师撞到了门框上。这看起来是一件小事，可是却能以小见大。如果其他教师遇到这样的事情，可能就直接对学生进行批评了，可是这位教师却没有这样做，而是冷静地分析了学生的行为可能是学生没有意识到这样做是对教师的"不尊重"。作为教师，应该告诉学生怎样做才是尊重。

等上课的时候,这位教师很平静地对同学们说:"刚才咱班李想同学怕迟到,太着急进入教室不小心撞到了老师,现在背部有些疼痛,不过,比起背部我的心更痛些。因为,我觉得有比这种进入教室更为文明、更为尊重教师的方法,李想,请你想想怎样进入教室更为文明和尊重别人呢?"李想红着脸,走到教师面前说了声对不起,然后走出教室,对着站在教室门口的教师轻声说:"报告!老师,我可以进去么?"教师为李想的行为鼓起了掌,班中的其他同学也在这样的一次小意外中受到了教育。这位教师做法虽然看似简单,但是却准确地抓住了教育的契机,不失时机地教会学生尊重和被尊重。

同时,教师要在各种细微处教育学生尊重他人。

1. 引导学生在态度上尊重别人

比如教师在讲课、他人发言、他人谈话时,要注意倾听,不要插话或者说话。

2. 教育学生要从生活细节上尊重别人

比如学生如果蓬头垢面,不仅有损自己的形象,也是对教师的不尊重;站着和别人交谈时,不要连连跺脚;与教师、长辈交谈时,勿跷二郎腿;别人办喜事,就不要说不吉利的话;办丧事,就不要兴高采烈。类似上述的这些习惯,都需要从小训练。

3. 守时也是一种尊重

和别人约好时间做什么,准时赴约。在学校,对于教师安排的集体活动要准时积极地参加。

4. 尊重孩子的权利

学生平时读什么书,唱什么歌,课余时间怎么安排,父母可以给孩子提建议,但绝不可以把个人喜好强加到孩子身上。同样地,在学校,学生不能影响其他同学的学习和活动,如果学生自己不学习还影响别人,这就是不尊重别人学习权利的表现。

5. 尊重他人的劳动成果

教学生学会尊重,很重要的就是一定要尊重普通的劳动者。学生经常出现倒剩饭、乱洒水、乱扔瓜皮纸屑的行为，都是不好的表现。教师、父母应让学生适当地参与劳动，当他体会到劳动的辛苦时，才会尊重他人的劳动成果。

6. 尊重他人的意愿

学生应该学会尊重别人的意愿和想法，凡事不要强迫别人。尤其是当别人的想法跟自己的想法发生冲突的时候，不要强行将自己的想法强加到别人的身上，要学会尊重别人的意愿。

三、宽容是一种美德，更是智慧

宽容是一种品德，更是一种智慧。如果教师能够教会学生学会宽容，那么他就掌握了与其他人交往的一种智慧。学会了宽容，就有了一份很好的人际关系，好的人际关系，会给人带来快乐的生活。

案例4—14　宰相肚里能撑船

三国时期的蜀国，在诸葛亮去世后任用蒋琬主持朝政。他的属下有个叫杨戏的，性格孤僻，讷于言语。蒋琬与他讲话，他也是只应不答。有人看不惯，在蒋琬面前嘀咕："杨戏这个人是不是对您太不客气了。"蒋琬坦然一笑说："人，都有自己的脾气秉性，让杨戏当面说赞扬我的话，那可不是他的本性；可是如果让他当着众人的面说我的不是，他会觉得我下不来台，所以，他只好不做声了。其实，这正是他为人的可贵之处。"听后，很多人赞扬蒋琬"宰相肚里能撑船"。

不宽容的人很难得到快乐。世上有三种人很难宽容别人。第一种，气量小，吃了亏就不行，越想越气，例如周瑜。第二种，火气太大，一旦吃亏和不如意就破口大骂，甚至大打出手，把事情弄得不可开交。第三种，报复心强，遇到事情必须自己比他人强，如果不如意，就会睚眦必报。

在世界上，谁都不可能永远常胜、永远如意。那么，在不如意和难以接受的结果面前，怎样顺利度过，并成为今后成长的经验，就需要教师对学生进行相应的教育。教师要教会学生学会正确调整心态，学会宽容，坦然面对失败，从而让学生能在人生路上走得踏实、快乐。

教师要让学生了解宽容应该这样做：

（一）宽容其实就是一种忍耐

"金无足赤，人无完人。"每个人都有自己的优点，同样也有自己的缺点。每个人都有自己的小毛病，这是事实。教师要告诉学生，当看到同学和其他人缺点的时候，首先要想到"每个人都有缺点，这很正常"，之后想一下自己是否也有类似的缺点，如果有一定要改掉。教师要告诉学生，多学会包容和忍耐别人的缺点，因为你包容别人的同时，就是多给自己机会与其他同学更好地相处。忍耐意味着理解和宽容。

（二）宽容并不难

教师要教会学生在人际交往中简单的思维模式。如果教师能让学生学会在和同学之间的关系中把复杂的事情变得简单，那么他就会很快乐。

如果一个学生性格执拗，在与其他同学相处时总是挑剔别人的缺点和不足，而且爱斤斤计较，那么他就很难在与同学的交往过程中相处融洽，那么他也就很难得到真正的友谊和快乐。

其实，在同学交往中，遇到问题不要把问题想得复杂，要把很多问题简单化，多看同学的优点，少看同学的缺点，多想同学对自己的好，少想自己对别人的好。宽容就是简单化。

（三）宽容有时就是谅解

教师应该让学生知晓，仇恨就是一个长在自己心里的毒瘤，要及早地把它从你心里清除掉，否则最后伤害到的人是自己。

教师要让学生彼此学会宽容，首先教师要学会包容学生，对学生的某些个性和特点，可以不欣赏，但要包容。例如，学生穿的特殊服饰、新潮的发型等。教师的包容最后会获得学生的理解和真心的学习。

尊重他人，是培养宽容谅解的前提。只有学会尊重，才能获得他人的尊重，只有相互尊重，才能相互宽容和谅解。

在各种集体活动中培养学生宽容的品质，是一个很好的途径。现在很多的学生都是独生子女，生活条件较好，父母祖辈比较宠爱，娇生惯养，衣来伸手，并且集体主义观念比较淡薄，不懂得关心别人，不懂得热爱集体，遇到自己不顺心的事情就闹情绪，碰到挫折就萎靡不振。对待这样的学生，要培养他们的集体主义观念和团结协作、一往无前的精神，除了教师的谆谆教诲之外，还要把学生组织起来形成一个真正的班集体，通过丰富多彩的班级活动和有实效的德育方法来教育学生谅解别人的错误和缺点。

前苏联教育家苏霍姆林斯基曾说过："有时宽容引起的道德震动比惩罚更强烈。"教师对学生的过失或错误的宽容，绝不是姑息、放纵，而是在严格要求下，对犯错误学生的理解和尊重，给予他们反思的时间和机会，使他们真正认识到自己的错误，并认真改正。

四、诚信是与人交往的"金字招牌"

本杰明·鲁迪亚曾说过："没有谁必须成为富人或者成为伟人，也没有谁必须成为一个聪明的人，但是，每个人必须要做一个诚实的人。"

案例4-15　诚信就是你的名片

一位留德博士毕业之后想留在德国工作，于是他拿着他非常突出的毕业成绩来到很多公司应聘。结果，所有公司都对他表示遗憾，说不能录用他。他觉得很疑惑，终于在一家公司又一次对他说遗憾后他非常愤怒，究问原因。公司负责人告诉他，在他的信用记录里面明确记录了他曾经三次乘坐地铁逃票。第一次是在他刚刚来德国不到一个星期，当时他对查票员说，因为他刚刚来德国，不熟悉德国的自动售票系统，查票员相信了他。可是随后有了第二次和第三次的记录。公司负责人说：

"其实这里的记录是3次，那就说明你曾经逃票无数次。因为在德国，地铁票都是不定期抽查的，不可能每次抽查到你都是你正好没买票的日期。所以，地铁公司认定，你从来没买过地铁票。这个记录说明两点：第一，你不尊重规则，而且你善于发现规则中的漏洞并恶意使用。第二，你不值得信任。我们公司的许多工作都是必须建立在彼此信任的基础上。为了节约成本，我们没有办法设置复杂的监督机构，所以我们没有办法雇佣你，我甚至可以确切地说，在这个国家，你可能都不会找到肯雇佣你的公司了。"

在国外，诚信是衡量一个人非常重要的标准。

诚信是人性里面一切优点的基础，只有诚信人才值得信赖。诚信比其他任何品质都更能赢得尊重和敬意，更能取信于他人。诚信是一个人在社会生活的立身之本，是一个人最应该珍惜的宝贵财富，诚信能让一个人光明磊落地做人，还能给学生以生活学习的动力和耐力。

无论教师还是家长，都希望学生具有诚信的品质。但是很多学生却总是用谎言来面对父母和教师的责问。

其实，学生不诚信的行为并不是天生的，而是由后天的某种需要引起的。例如为了满足吃、玩的需要，甚至是为了逃避惩罚和批评。从心理学的角度来看，学生的道德意识和道德行为的发展是紧密相连的。道德意识决定着道德行为，道德行为又反过来体现着道德意识。但是，由于学生的认识水平跟不上道德行为，就造成了道德认识和道德行为的脱节。许多学生在明知道自己的行为不对的情况下，却又由于意志力薄弱，克制不了自己的行为，造成了谎言或者不诚信的行为发生。

学生是否诚信在很大程度上取决于教师和父母的教育。对于学生经常出现的不诚信的行为，教师应该多从学生的道德认识发展上来寻找原因。不要把学生的这些行为看成是道德败坏而给学生定性为"无可救药"、"坏孩子"。如果教师和家长从小就注重对学生进行诚信的教育，学生从小就会养成诚信的好习惯。

教师应该怎样培养学生良好的诚信习惯呢?

(一) 教师身正为典范

曾子杀猪的故事我们并不陌生,他以实际行动给儿子上了一堂极其重要的人生第一课,教会了他做人的根基是诚信,又教育了多少代人。

要想培养学生诚实守信,身为教师者,则必须以身作则、言出必行。一次上语文课时,一个教师在板书时,不小心写错一个字,一位同学马上给教师纠正过来。下面有的同学开玩笑说:"老师,我们写错字罚写5遍,加强记忆,那您写错了,您写几遍呀?"学生的玩笑话,教师却认真对待,老师说:"老师写错了更要加倍地练习,我写10遍。"当教师把自己写的10遍的字放在讲桌上时,同学们对教师报以热烈的掌声,得到了全班同学的信任。从此,教师对学生的要求,学生更加认真对待。

(二) 教师要帮助学生树立诚信精神

诚信是中华民族的传统美德,诚信是一种高尚的思想品德,如果社会缺乏诚信,那么社会将会变得陷阱频现,人人自危。教师不仅自己要做到守信,更要对学生进行定向引导,让学生明白诚信的可贵。

教师与学生接触时间最长的还是在课堂,课堂是教育实践的主要场所,也是师生面对面交流的主要渠道。学生的思想和心理动态在教与学的过程中表现最多,只要我们在学科教学中善于抓住时机,充分挖掘教材的思想性,结合教学环节培养诚信品质,就能结合学生特点,把诚信教育有机地渗透到教育教学活动之中,从而实现教书和育人的统一,最终完成教书育人的终极目标。任课老师若能在平时对学生注重优秀道德品质的教育,不但能培养出有"才"的学生,还能促使学生成为有"德"之人。诚信教育比较成功的学校或班级,往往就能做到无人监考时学生无人作弊。

(三) 将诚信教育落实到具体事件

要想将诚信的观念让学生能理解,并渗透到学生的灵魂,必须将诚信的教育落实到具体事件上,使它成为学生学习生活中不可缺少的一部分。

考试中，有些学生为了取得更好的成绩，得到教师和家长的夸奖，不惜采用作弊的手段，面对这些现象，教师一定让学生明白考试的目的。考试的目的更主要的是通过考试对学过的知识进行考核，了解每位学生掌握的情况，针对出现问题多的内容重新制订以后或者下学期的教学计划，使同学们更好地掌握知识。考试作弊，就是一个失去诚信的过程，看似欺骗了教师和家长，实际上欺骗的是学生自己。

教师可以通过讨论等形式使学生明白，学校里的考试，只是模拟社会活动的一个方式，在学生毕业走入社会之后，学生将面对各种各样的考试。与同事、领导及客户之间能否妥善相处，考验学生的个人修养和品德，是否能胜任自己的工作，考核学生的专业水平，这种考核可不是答题这种简单的方式，就无法用作弊来完成这样的考核。面对社会种种场外的考试，这才是关系到学生未来的重要关口，假如在学校里学生就养成不认真对待考试的坏习惯，那么学生将来如何面对社会上各种隐性的考试呢？

除此之外，教师对学生进行诚信教育时还要列出具体要求：

(1) 做错事要主动承认错误。

(2) 做作业不可抄袭。

(3) 考试时认真完成，不可作弊。

(4) 要拾金不昧。

五、善于倾听是给予别人最大的尊重

善于倾听，是在人际交往中可贵的品质。心理学研究表明，越是善于倾听他人意见的人，与他人关系就越融洽，因为倾听的本身就是褒奖对方谈话的一种方式。在倾听的过程中，就是在向对方表明"你是值得我倾听的人"。

倾听他人的言谈是学生必须具备的品质。学生要想与人友好相处、流畅地交往，必须学会倾听。倾听他人的过程，就是学习的过程。在学校生活和学习中，我们发现很多学生善于表达自己的意见，善于说出自己的想法，但是，在倾听别人意见和看法时，明显缺乏耐心和真诚的态度，对批评意见更是不能接受。所以，培养学生善于倾听的品质，在学生进入社会之前和之后都非常必要。

教师在培养学生倾听的品质中将扮演非常重要的角色。

(一)教师首先要善于倾听学生的心声

在学校的学习和生活中，很多教师都没有认真倾听学生真正想法的意识。那么，我们怎么能期待学生真正倾听其他同学或者朋友的谈话呢？教师不善于倾听学生的意见，他们的想法得不到教师的认同、家长的重视，慢慢地学生就不会把真实的想法讲给教师和家长听，这种后果将非常严重。

倾听学生内心的真实想法不仅是了解学生心灵的有效途径，也是培养学生倾听他人的重要方式。不论学生提出问题是大还是小，是否可笑或幼稚，教师都应该认真对待和倾听。善于倾听学生的谈话和想法，有助于走进学生内心的世界，更有助于培养学生与其他同学和朋友交往时倾听他人的好习惯。

善于倾听教师是成为优秀教师的必备品质之一。教师有效的倾听，可以使学生感受到倾诉后的轻松，也使得学生的表达受到很好的锻炼，享受表达的快乐。教师有效的倾听，能让学生觉得自己得到教师的关注和尊重，能激起学生倾诉的欲望，提高表达的质量。最重要的是，教师认真的倾听，给学生树立了一个好的榜样。

倾听学生的想法，教师一定要从学生的角度出发，为学生着想，不要千方百计想出各种办法来搪塞他们。教师是学生的榜样，如果教师这样做，学生也将会跟教师学习，变得巧舌如簧。

(二) 教师要让学生理解倾听的意义

首先，要让学生知道"听"的非凡意义。上课认真听讲，这是对教师的尊重，也是对自己的尊重。同时，认真倾听会让学生在学习时了解教师需要学生掌握的重点内容，少走很多弯路。除了认真倾听教师讲课，对待同学的发言也要认真倾听，边听边想，从其他同学的发言中，学生会听到与自己不同的意见和新的知识，受到启发，从而提高自己。

学生能否认真倾听是一种重要的能力，教师在平常的教学中要有意识地去培养学生的这种能力。许多学生在倾听别人讲话时心不在焉，做自己的事情或者起身就走，这样非常容易伤害讲话人的自尊心。不善于倾听，很容易影响同学之间的人际关系。

教师要教育学生在别人愉快的时候能够与他分享快乐，不妒忌，不嫉恨；在别人痛苦、失落的时候能够与他分担痛苦和失落，不幸灾乐祸，不落井下石，这样用真诚的心与人交往必然能够交到真心的朋友。

教师一定要端正对学生的态度。学生是一个具有独立人格的个体，同时，他与教师、家长在人格上是平等的。如果学生养成了以自我为中心的不良习惯，要想让学生倾听他人的意见和话语是不太可能的。所以，教师既要尊重学生，但也要考虑到如何培养学生倾听他人的意见，不能以单个的个体为中心。教师要让学生懂得在倾听他人讲话时，可以坐着或者站着，眼睛看着说话者，不要随便插嘴，要等说话的人把话说完，再发表自己的意见，这是对说话人的尊重。

（三）教师要交给学生倾听的具体方法

要培养学生认真听的习惯，除了让学生想倾听之外，还要让学生知道如何倾听。

教师在指导学生倾听的过程中，要适当地交给学生方法，使学生会听。听同学发言时，耳朵要认真听同学说的话，大脑要紧跟同学的思路和方法，如果与自己想法一致，则以微笑或者点头来表示赞同。如果想法不一致，那么要在纸上记录自己的看法，等同学发言完毕再说出自己的看法。

教师有时候要教给学生以找"问题"为目的来听，这样学生在倾听的时候会更加用心和专注。

（四）教师调整说话的方式使学生喜欢倾听

许多教师在与学生交流过程中，喜欢把自己置于长辈的权威位置上，喜欢对学生下命令。如果教师能平等对待学生，用平等的口气与学生对话，那么学生更喜欢倾听教师的教诲。

请把"我说的话你怎么不认真听呀"换成"老师有件很重要的事情要跟你说，你要认真听，然后帮老师提个醒啊"，不要说"这个问题我都说几遍了，还记不住，什么脑袋啊"，而要说"昨晚是不是没休息好，看你精神状态不是很好，要不要老师再给你讲一遍，你再认真听一下好不好"。教师调整了说话的方式，使学生放松了紧张的心态，学生就很愿意倾听教师的意见。

（五）及时表扬和鼓励

在学习中获得成功的体验，是学习中最令人快乐的。当学生能够认真倾听教师的讲课、意见或者能够倾听其他同学的意见和建议，教师应该及时进行奖励和表扬。在学校里经常看到这样的现象，学生喜欢哪科的教师，相应地就喜欢哪个学科。喜欢这个学科，也就会在上课的时候认真倾听他的讲课。所以，教师要努力做学生喜欢的那种教师，用亲切的眼神、细微的关心、真诚的话语、热情的赞美来缩短教师与学生心灵间的差距。

所以，在倾听的培养过程中，教师不要吝啬赞美和表扬，让学生在学习和生活中领略到成功的快乐和喜悦，获得成功的满足感。在教学中，教师对于能做到认真倾听的学生给予及时的鼓励，一句及时的称赞、一个眼神的肯定、一个鼓励的微笑，看似微小的事情，可是却能收获明显的教育效果。

除了教师给予学生评价之外，还可以让学生互评，让学生在互评中学会向他人学习，从而达到养成认真倾听的好习惯。

教师要不断训练学生倾听的能力，学生才能学会倾听。

六、责任感是人最高贵的品质

责任心是一个人生命中的纤绳，有了责任心，一个人才把自己的生命与别人的生命联系起来，才会产生自我价值感。一个没有责任心的人，因为找不到自己生命在社会中的地位和重要性，会感到生活迷茫，因而失去生活的动力，容易为其他物质性的事物吸引，沉溺其中，平庸度过一生。

案例4-16　责任是每个人必须承担的

有一个12岁的少年，在院子里踢足球，把邻居家的玻璃踢碎了。邻居说，我这块玻璃是好玻璃，12.5美元买的，你赔。这是在1920年，12.5美元可以买125只鸡。这个孩子没办法，回家找爸爸。爸爸问玻璃是你踢碎的吗？孩子说是。爸爸说，那你就得赔。孩子说没有钱，父亲说我可以借给你，但是要一年后还上。在接下来的一年里，孩子擦皮鞋、送报纸、打工挣钱，挣回了12.5美元还给了父亲。这个孩子就是里根，后来成为了美国总统。这是他回忆录里写到的一个故事，正是通过这件事，让小里根懂得了什么是责任。

像里根父亲这样做，在中国父母看来，似乎有点"残忍"和不切合实际。但是我们要说，让孩子自己从小就承担责任，这才是对孩子真正的爱。一般来说，当孩子有了过失的时候，这恰好是教育孩子最有利的时机。

很小的孩子在学习走路时有时会摔跤。有些看护的妈妈或者奶奶、姥姥为了转移注意力，不让孩子哭就使劲拍打绊倒孩子的地面或者是桌脚。这样做，孩子是不哭了，可是从小就养成了把自己的责任推卸给别人的坏习惯。长大以后，这样的孩子还是会把自己的责任推卸给他人。家长应该从小培养孩子勇于承担责任。

对学生的教育理应如此。只有让学生们懂得了他们的行为将会产生什么样的后果，他们才会对自己的行为负责任。也只有让学生学会对自己的行为负责，有了责任感，将来才会逐步发展成为对家庭、对社会负责。

要培养学生的责任心，教师就要在日常的学习生活中纠正他们的不良习惯，让学生学会自己的事情自己解决。

教师要想培养学生的责任感，有以下几方面策略：

（一）给予学生充分的信任和尊重，培养学生的责任意识

责任心不是强迫养成的，而是在尊重和信任基础上的一种自觉行为。教师在教学和班级事务中，一定要充分信任学生，用民主的而不是强制的手段来管理学生。

教师在管理中要充分让学生表达意见，让学生自己做决定，尊重学生的选择，这是培养学生责任心的一个非常重要的方面。

例如，很多学生对做作业有抵触情绪，不愿意写作业。其实这种行为就是学习上缺乏责任心的表现，总感觉是在为父母而学。如果采用惩罚和强制的办法，效果不会很好。但是，如果给予他们充分的信任和尊重，往往能取得事半功倍的效果。

教师一定要让学生明白，完成作业应该是他自己的事情。要让学生懂得学习是为自己而学，不是为了父母。在学生低年级的时候就要培养学生阅读、观察、思考、独立完成作业、收拾学习用具等学习习惯。养成良好的学习习惯，学生能体会到学习和自理的快乐，这样有助于培养学生的学习责任感。

（二）丰富班级活动，让学生在活动中树立责任感

学生责任感的树立与学校中活动的开展是紧密相连的。学生的责任感只有在具体的行为情景和活动中才能得到更好的培养。例如，现在很多学校都推行了班级干部公平"竞选"，这种方式使得班级的所有成员都可以参与"竞选"之中，平时在班级里面胆子较小、爱害羞的学生也能鼓起勇气参与到竞选中来。教师对所有参与"竞选"的同学都应该给予充分的肯定，对进入班委会的成员应该提出具体的要求和希望，这样对于学生，尤其是当上班级干部的学生而言，心中就会树立起责任感。

事实证明，这样管理班级的方式，不但增强了班级的凝聚力，更增强了每位同学的责任感，使他们争做班级的小主人。

（三）使用"自然后果法"，让学生为自己的过失承担责任

"自然后果法"是法国著名的教育家卢梭的教育思想之一，"自然后果法"的思想是指，当儿童犯了错误和过失后，不必直接去制止或处罚他们，而让儿童在同自

然的接触中，体会到自己所犯的错误和过失带来的自然后果。这就是教育史上著名的"自然后果法"。

学生的成长过程实际上就是经验积累的过程。使学生有更多体验，积累更多的经验，是我们教育者的职责。

教师在教育学生的过程中使用"自然后果法"会有很好的效果。经常有学生在上学的时候忘记带教科书、作业、午餐等，如果使用"自然后果法"，教师就不要让其他同学借给他们教科书或者送给他们食物，更不要让家长给他们送忘记带的东西。这样做，让学生在上课时，体会一下没有教科书的不方便和尴尬，在中午其他同学都在吃着午餐时，体会一下饥饿的滋味。那么以后，不用父母督促，学生自己就会检查教科书是否装到书包里，午餐拿没拿了。

通过这样的教育方法，让学生明白，当自己做错事情的时候，承担责任是勇敢的做法，也是最有效的方法。

(四)树立榜样，让学生在榜样的力量中体验责任感

美国心理学家班都拉的社会学习理论认为，人的品德行为是通过学习榜样而得来的。责任感作为一种道德情感，最终外化为一种行为表现出来。教师是第一榜样，"示范性"是教师特点之一，教师的行为和语言对学生有着很强的感染力。因此，教师必须以身作则，用自己的高度责任感去培养学生的责任感，"以性格培养性格，以心灵塑造心灵"。教师严格要求自己，注重言传身教，使学生感到教师很强的责任感，从而潜移默化地对学生产生积极的影响。

学生中的榜样对于培养学生的责任感也是非常有效的。例如，让学生从身边寻找班级中的"好习惯"，并向他学习。有位同学总是把自己的书桌收拾得整整齐齐，擦得干干净净。教师就利用这位同学的好习惯教育学生："他不是一天做的好老师就表扬他，而是天天这样，所以很多好习惯贵在坚持。你们能做到么？"此时，学生的责任感会油然而生，纷纷表示"我行"。

第三节　社会实践能力的培养

实践能力是个体在应用知识技能解决实际问题过程中形成和发展起来的一种能力。社会实践能力包括操作能力、分析和解决问题的能力。

一、操作能力的培养

操作能力是体现学生对所学课程的理解和运用的能力，是学生进入社会后必不可少的一种社会实践能力。

教师对于学生操作能力的培养，可以在教学中来进行。

例如，数学教学过程是一个特殊的认知过程。在这个过程中，不仅要求学生掌握抽象的数学结论，更应注重学生的数学思维训练，引导学生积极参与探讨知识的形成过程，培养学生的数学能力。著名心理学家皮亚杰说："儿童的思维是从动作开始的，切断动作与思维的联系，思维就不能得到发展。"在数学教学过程中，教师应该加强对学生实践操作的训练，让学生通过自己的操作解决问题、获取知识，教师再引导学生到实际中验证，到生活中运用。

在培养学生动手操作能力时，教师应根据学生的年龄特点和知识水平，按照操作的不同目的采取灵活多样的形式，激发学生自愿参加，达到良好的教学效果。教师根据学生的思维发展阶段把学生的操作分为三个阶段：认知操作阶段、形成操作阶段和发散操作阶段。

(一)认知操作阶段

小学低年级学生属于认知操作阶段。认知操作是指学生通过尝试动手操作，对被研究的对象获取一定感性认识的过程。培养学生的认知操作能力对于概念的理解有很大帮助。

1.自己动手制作学具

在教学时，教师有意识地让学生自制学具，可以使学生在动手操作中获取对学习对象的表象认识。

例如，教授"长方体和正方体的认识"。教师要求学生以6个人为一小组，领取材料(橡皮泥、小棒、圆球等)制作一个长方体模型和一个正方体模型。学生在制作过程中一定会遇到很多问题，而这些问题正是由于长方体和正方体各自具有的特征所造成的，因而在自制模型时，学生借助模型很容易得出正确结论。

2.参与感知体验，获得深刻认识

教师引导学生通过看一看、摸一摸、拉一拉等手段对实物进行感知体验，也可以直接获取概念的表象认识。

例如，教授"三角形的认识"。教师拿出一个用三根木条钉成的三角形模型，一个用四根木条钉成的四边形模型。先让学生说说它们的边有什么特点，然后请两位学生来轻轻拉这两个模型。通过感知体验，学生清晰地认识到三角形具有稳定性。

3.创设生活情境，引导学生操作

教师利用学生已有的生活经验创设一定的生活情境来引导操作，可以帮助学生顺利地获得事物的表象。

例如，教授"除法的初步认识"。教师创设情境："这里有20支铅笔，你能帮助老师平均分给5个同学吗？"学生踊跃举手，根据在生活中积累的经验，很容易就将20支铅笔平均分给5个同学。教师再提问："你是怎么样知道自己分对了呢？"学生回答："因为每个人手上现在拿的铅笔一样多，都是4支。"

通过教师创设的情境，学生动手操作实践，很容易理解"平均分就是每个人都分得同样多"的概念。

(二)形成操作阶段

形成操作阶段是指在学生初步感知知识或结论后教师借助一些方法或途径，帮助学生将具体的实践操作形成的表象转化为知识或能力的过程。

1.借助图式表象

教师将学生的操作过程用图式表象抽象出来，帮助学生从具体操作中获取知识。[1]

例如，教授"9+2=11"。盒子里有9个球，外有2个球，求共有多少个球？教师引导学生摆弄小球，从2个球中拿出1个球放到盒子里，凑成10个。通过实践操作，学生一看就知道共有11个。但这还是直观感知阶段，教师再帮助学生建立清晰的图式表象并使其外化。

教师提出：通过摆小球，知道9加2等于11，那么在算式上如何计算呢？9与什么数凑成10？2分成几和几？9加1得几？所以9加2得几？同时写板书：

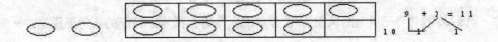

再通过同一形式的几道题练习，让学生独立完成相应的图式表象，学生就能概括出"凑十法"口算，掌握20以内进位加法的法则。

图式表象还可以在几何形体的认识和分析应用题的数量关系中得到运用。在教学中培养学生的作图能力，有利于学生分析理解知识和提高动手操作能力。

2.实物测量

实物测量是指教给学生测量物体的方法和步骤，让其在生活中利用实物进行具体操作实践。

例如，在学习了"米的认识"后，教师将全班学生分为几个小组，分别测量黑板、桌子、门、窗户、操场等的长度；在学习了重量单位"克"之后，让学生用天平测量从家里带来的盐、糖等物品的重量等。

通过实物测量，可以使学生掌握测量的方法和步骤，体验到成功的愉悦感，感到知识可以帮助自己解决实际问题，从而促进了学生意识的发展，锻炼了学生的动手操作能力。

---

[1] http://wenku.baidu.com/view/89f6e6c40c22590102029df8.html

3.画统计表和统计图

画统计表和统计图可以帮助学生从具体的生活实践中抽象出模型,提高其处理信息的能力。

例如,教授"统计的初步知识"时,让学生实地统计早晨7：30-7：50之间经过校门前马路的各种车辆数。采用画"正"字法记录,然后填写统计表,画出相应的统计图。最后教师引导学生分析统计表和统计图,了解该时段中不同车辆的流量,并告诉他们要注意安全。

该活动既说明了统计知识在实际中的应用,又激发了学生的学习目的性和积极性,更形成了学生的操作技能和分析问题的能力。学生在以后的日常生活中可以自己画统计表和统计图分析问题。

(三)发散操作阶段

发散操作阶段作是指在学生已掌握了一定的知识和基本的操作技能后,教师再引导其作创造性实践的过程。

1.游戏

利用游戏中营造的轻松愉悦的环境可以提高学生对知识的兴趣,让学生乐于学习,乐于动手。

例如,在学习了长方形、正方形、三角形等图形后,教师在课外活动中组织拼图游戏。要求学生用纸或布剪一些长方形、三角形、圆形、半圆形等,再以这些"图形"作材料,拼成自己想象的图案。学生的积极性特别高,非常认真地又是剪又是拼,最后拼成了各种不同的图案,如城堡、机器人、孙悟空等,在游戏的过程中充分发挥了学生的想象力,培养了学生的审美价值和创造能力,更促进了学生的动手操作能力。

2.手工制作

利用学生所学的知识指导其进行手工制作,是一项有意义的活动。它能巩固所学知识,提高兴趣,培养操作能力和创新能力。

例如,教授"圆柱的表面积"后,教师设计了一堂活动课,要求学生做一些圆柱形的实物模型。教师提示,制作圆柱时必须先画出圆柱底面和侧面的展开示意图,再沿线剪下拼贴而成。学生通过想想画画、剪剪贴贴制作出各种不同的圆柱形模型,有油桶、水桶、口杯等。有些学生还将圆柱与其他图形相拼,制作出火箭、电视塔、房屋等模型。

3. 小设计

利用学生掌握的技能提出实际的问题,要求学生自己设计解决方案。这样可以提高学生应用知识的能力,培养学生的成就感,引发学生对知识的兴趣。

例如,教师在学生学习了长方形、正方形的面积公式后要求学生设计——在一块空地上修一个面积为30平方米的花坛。学生分小组讨论,设计出几种不同的方案[1]:

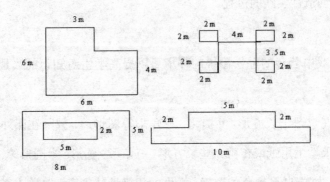

二、分析问题和解决问题能力的培养

分析问题和解决问题的能力,是指学生能透过现象抓住本质,对事物能做出正确的估计,具有辩证的思维能力,能够全面地分析问题,并能针对存在的问题制定一整套可行性、针对性强的措施与方法,能够尽快地解决矛盾。在瞬息万变的社会中,问题会随时出现,能够迅速地分析问题、解决问题,是学生步入社会后所必须

[1] http://www.xsj21.com/YXSJ/XSYT/JXLW/200709/3427.html

具备的社会实践能力之一。

（一）通过教学活动，培养学生分析问题和解决问题的能力

教学过程大致可分为三个主要阶段：

第一阶段为备课、设计教学方案阶段，实际上就是教师通过钻研教材，反复思索，对教材内容进行剖析，明确重点、难点及其内在联系，把握中心，吃透教材实质的过程。在此基础上，教师可根据学生的年龄特征及其认识水平和思维发展的规律、学校的设备条件等，选择适当的教具和教法，创造性地设计、制定教学方案。

第二阶段为实施教学方案阶段，也就是在教师的引导下，充分激发学生的学习积极性，进而运用形象、直观的教具启发诱导，精讲多练，把编者的思想转化为学生的思想，同时培养学生正确思维和各种技能的过程。

第三阶段为形成能力的阶段，既是学生在正确思想方法指导下，通过反复深入的研究和练习，使学到的知识系统化、条理化、完美化，同时与正确的思维方法和相应的技能融为一体的过程。

综上所述，教学过程中的基本矛盾，应是反映在教材中的编辑思想水平与学生的思想水平之间的矛盾。教学过程实质是在教师的主导下，通过师生的共同努力，使矛盾不断转化，从而把编者的思想循序渐进地演变为学生分析和解决问题能力的过程。在这一过程中学生的内在矛盾性——求知欲，始终是思想转化的决定因素，教师和其他客观因素都是转化的条件。当学生的积极性、主动性充分发挥出来以后，教师的主导作用便可上升到起决定性作用的地位。

学生分析问题和解决问题的能力和书本知识有着密切联系。学生的分析和解决问题的能力是通过学习书本知识不断转化和发展而逐步形成的。但是，书本知识并不具备生命活力，而学生分析和解决问题的能力才是具有生命力的。

如何提高学生的这种能力，从而培养造就一大批具有真才实学的优秀人才呢？首先应该从两方面做起：

1. 要采用高水平的教材

所谓高水平的教材，是指它不仅能给学生以科学的、系统的知识，更重要的是，可以教给学生正确思维的科学方法，有助于培养学生的各种能力。这种教材能把培养学生分析问题和解决问题的能力以及想像力和创造力放在首位。为此，我们应该改变一直沿用的编者写书、教师教书、学生念书的传统方式，而采取编者、教师、学生根据教学大纲共同参与编写教材的方式。在编写教材时，编写者要把关键和重点之处留出来，使学生在学习的过程中去完善这个重点，这好比画龙点睛中的"睛"。这个"睛"要留给学生去"点"，使学生能主动掌握教材中有关知识的组成、结构、原理及内在联系，提高他们分析和解决问题的能力。

2. 要大力提高教师的水平

作为教师，要培养学生的分析和解决问题的能力，首先要具备：(1)要有比较渊博的知识，熟悉自己所教的学科，业有专攻，学有所长；(2)明确学生的认识发展规律和特点，明确并能运用正确的思维方法；(3)不断探索并掌握教学规律，能正确认识并处理教与学、师与生、主与次、讲与练、知识与能力等的辩证关系；(4)能把以上诸点综合，灵活运用，并结合学生与学校的具体实际，创造性地设计制定出科学的教学方案，能把主要精力集中到培养学生分析和解决问题的能力上。

(二)利用学案培养学生分析和解决问题的能力

"学案"是针对教案提出的。顾名思义，"学案"是学生的学习方案。每次上课前教师把学案发给学生，学生就会领会教师的授课意图、教师要提的问题以及听课的重难点等。学生带着目标上课，教师参照教案，按照学案授课，学生在教师指导下按照学案进行学与练，可大大提高听课的效率。

例如，地理教师在讲授《海陆的变迁》课时，可将一些知识点设计成联系实际生活的问题、成语典故、社会热点问题、未解之谜问题：

1. 成语"沧海桑田"，你知道它的寓意是什么吗？

2.为什么在喜马拉雅山上发现了海洋生物化石？

3.七大洲、四大洋的分布是不是固定不变的？

4.为什么红海在不断扩大，而地中海在不断缩小？

5.世界上的火山和地震带都分布在什么地方？

这样设计既有助于学生记忆，又能提高学生的学习兴趣。优秀的学案要清楚完整地反映本节课所要求掌握的知识点以及应培养的能力。学案设计时要提示学生留出记笔记和写反思的地方，以便学生写自己的心得、体会和疑问，以利于学生的自我提高。

(三)利用实验提高学生分析和解决问题的能力

我们知道，化学实验基本操作始终贯穿于演示实验、学生实验等中学各类实验之中，是培养学生良好实验习惯和科学态度的关键。

在学生掌握了实验基本技能和方法的基础上，注意充分发挥学生在实验中的主体作用和主观能动性，是加强学生科学创新思维能力培养的有效途径。在实验过程中，教师可以采取实验设疑或增加实验内容等方法，这种方法不但可以训练学生分析和解决问题的能力，而且可以拓展学生的知识结构和思维空间。

案例4-17　巧设疑问，培养学生分析、解决问题的能力

在氧气的制备实验中，教师采取了如下实验教学设计：

首先演示金属铁在氧气中的燃烧，伴着耀眼的白光，充分调动了学生希望自己动手制备和了解氧气其他性质的极大兴趣，此时教师不失时机地对学生设疑，启发学生思考：1.制备氧气实验过程中会引起试管炸裂吗？如何避免？2.收集不到纯净的氧气是否会对氧气性质实验产生影响？3.除可用实验中要求的$KClO_3$或$KMnO_4$制备O_2以外，还可设计其他方法制备氧气吗？通过认真思考和操作，培养学生分析和解决问题的能力。

(四)利用教学实践基地培养学生分析和解决问题的能力

为了拓宽教育渠道，解决学生见习、实习和加深对所学知识和现实问题的了解等问题，利用学校在当地的影响力，应该建立和建设一批见习、实习和研究基地。利用基地学校，开展相关学科的见习、实习和研究活动，更好地为培养学生分析问题和解决问题提供服务。

根据中小学生的年龄心理特征，遵循循序渐进的原则，在社会实践的内容安排和教育目的上，我们应该做到各年级有所侧重。在基地活动中，为了让学生接近社会、适应社会、培养能力、发展个性，我们将学生的思想教育、行为规范及心理素质训练、动手动脑、实践创新等，渗透在每一个活动之中，让基地成为一所内容丰富、活动形式多样的大课堂，使学生从中得到各种教育和技能培养。由此，我们要不断创新活动载体，力求使活动具有吸引力和感染力，要形成一批具有特色的品牌活动项目。

其实，实践基地可以有很广泛的范围，关键是社会要形成为培养社会合格公民服务的思想意识，加上政府的财政支持，那么中小学的教学实践基地就可以成为广大中小学生接近社会、锻炼动手能力、培养分析和解决问题能力的大实验室。

这一点美国做得很好。为了让学生对家里宠物更加了解和培养对于小动物的喜爱，美国大学生物科学学院针对中小学生定期开办"开发日"，免费为学生讲解各种动物的习性，使其与各种动物近距离接触，例如，给奶牛挤奶、给马喂草料、抚摸小兔子、与蟒蛇合影、挑选你最喜爱的小狗等活动，让学生对动物不再恐惧，也增长了科学喂养小动物的知识。除了这些可爱的小动物是能够吸引中小学生参加"开放日"的因素外，大学还为参观者提供免费的巧克力和糖果，使学生们更加喜欢来参加活动。

为了让学生了解学生喜欢吃的苹果是怎么从开花、结果再到我们购买的超市里，苹果园每年担负起向中小学生演示这其中过程的义务。从蜜蜂怎样授粉到果实怎样形成，工作人员怎样采摘、清洗，机器进行挑选、包装，然后通过运输进入超市，每一个环节都通过工作人员的演示和让中小学生进入苹果清洗、加工车间参观的方式，使学生产生最直接和真实的体验。为了吸引学生来参观，在学生参观完毕，会请每一位参观者免费品尝苹果汁和苹果派，这些都是以政府出资作为保证。

公交车是一种交通工具，为了满足学生对于这种大型交通工具的好奇，在一些活动节日里，公交公司会在活动处摆放一台真正的公交车，学生可以上去参观，也可以坐在司机的位置，体验一下做公交司机的荣耀。

这样能够让学生近距离去体验社会的场所，这对于培养学生观察能力、分析能力、解决能力都有益处。我们也有很多对培养学生各种能力有帮助的场所，但是我们没有发掘，也没有利用。所以，只要我们教师和学校能够具有主动培养学生分析和解决问题能力的意识，找到更多教学实践基地并使这些基地发挥作用是可以做到的。

第四节　善于自我教育和反思能力的培养

1983年霍华德·加德纳出版了《心智结构》一书，提出多元智力理论。在加德纳的多元智力框架中，人的智力至少包括言语－语言智力、音乐－节奏智力、自知－自省智力等七种能力，其中自知－自省能力就是我们平常所说的自我教育。

一个人之所以能够不断进步，正是在于他能够不断自我反省、自我教育，找到自身的缺点和不足，然后改正，才能取得一个又一个成功。

孔子的学生曾参曾经说过："我每天都自我反省：为别人办事是否尽心竭力？与朋友交往是否做到真诚？老师传授的学业是否精湛？"正因为这样，曾参才成为孔子的得意门生，特别注重把自己的学识传授与他。

曾参对他的学生子襄讲授什么是"勇敢"时，就直接引用老师孔子的理论说："老师孔子说过，自我反省，正义不在自己一方，即使对方是普通百姓，我也不恐吓他们；自我反省，正义在自己一方，即使对方有千军万马，我也勇往直前，这就是勇敢。"

中小学生的自我反省能力不是很强，有时候意识不到自己做的事情是错的，即使意识到了，很多学生也不敢或不愿意承认。此时教师应经常对学生说："失败了，并不可怕，关键是看你对待失败的态度。"的确，在中小学阶段，做错事情或者失败了，事情本身并没有什么，但是在学生性格形成的关键时期，教育学生如何正确面对失败和面对挫折却是非常必要的。如果一个学生能形成自我反省、自我修正、自我教育的态度，那会使他顺利度过性格形成时期的困扰，最终能够实现自己美好的愿望。

一个善于自我反省的学生，往往能够发现自己的优点和缺点，并能够扬长避短，发挥自己的潜能；不善于反省的学生，则会在同样的错误里一错再错，使自己离美好的愿望越来越远。自我反省和自我教育是学生成长过程中的催化剂。学生要想成长，必须通过反省自身不断修正错误，学生学会了自我反省，就等于掌握了自我完善和健康成长的秘方。

在日常的教学过程中，教师要通过一些零散的小事件来观察学生。通过事件发展，善于抓住事物本质特征，引导学生进行反省，并为学生自我反省营造积极的环境和空间。这需要建立在教师尊重学生主体地位的基础上，如果采用说教的管理方式，则会引起学生对教师的反感，而失去进行自我教育的时机。教师要用对学生的尊重来激发学生进行自我教育的主动性，使学生能在宽松、和谐的教育氛围中进行自我反省。学生的缺点和错误经常反复出现，这是在教育过程中极其正常的现象，教师要有耐心并利用教育机智，理智、冷静、巧妙地处理教育问题，引导学生进行反省，才能取得好的教育效果。

教师可以通过很多途径训练学生的自我反省能力。

一、让学生学会平心静气地接受批评

每个人都喜欢表扬，学生也不例外。但是学生的成长过程中，批评和表扬都有

各自的作用。批评往往更能够使学生清醒认识到自己的错误,深刻反省自己的过失。批评有很多益处:

首先,适当的批评教育有利于学生的健康成长。

批评教育是一种挫折教育,适当的批评教育可以让学生逐渐形成接受挫折的心理准备,增强心理承受能力。一个从不曾被批评的学生就像是一株温室里培养出来的花,必定经不起外面世界的风风雨雨。因此,适当的批评能够增强学生对挫折的免疫能力,治疗学生在成长过程中出现的各种问题,能够让他们在批评中学会反思,从这一方面来说,适当的批评是青少年健康成长的需要。

其次,适当的批评教育能够有效地抵制社会不良现象对学生的负面影响。

青少年的身心正处于一种半幼稚、半成熟状况,这一时期其思想极容易受到外界干扰。社会中良莠不齐的各种元素一并涌入学生的眼前,正处于身心发展关键阶段却并不成熟的青少年学生往往潜移默化、耳濡目染地被一些不良的思潮所影响。有的学生沉迷于网络游戏,不能自拔,甚至把网络世界的砍杀带入现实社会中;有的同学模仿电视中的帮派团伙,比凶斗狠,敲诈其他同学,甚至走上犯罪的道路。在这样的大环境下,教师的作用就尤为重要了。教师要深入了解学生,观察、分析学生的一言一行,发现不好的苗头,要做好耐心细致的批评教育工作,及时清除社会环境带来的不良影响,引导学生健康成长。

第三,适当的批评教育能够弥补家庭教育的不足。

现在的中小学生大多数是独生子女,他们在家庭中享有特殊的地位。对于孩子的要求家长往往是有求必应。家长往往忽视对于孩子的思想品德、行为习惯、为人处事等方面的教育,以至于很多孩子养成了不好的行为习惯,形成了不健康的思想意识。孩子的这些不好的行为习惯和不良的思想意识家长往往难以发现,有的家长即便发现了问题也为自己的孩子推脱责任甚至袒护或者不知道如何进行教育。家长的溺爱、家庭教育的不足,导致学生养成不好的行为习惯、不良的思想意识,这就需要教师在学校教育中适当地实施批评教育，对孩子进行正确引导，纠正学生的不良行为，使他们养成良好的学习习惯、生活习惯、文明的行为习惯，形成正确的人生观、世界观、价值观。

使学生正确认识批评，教师教育的具体策略如下：

(一)教育学生正确对待他人批评，不要大惊小怪

在教育学生的过程中，赏识教育固然可取，但是对于学生来讲，只是表扬不利于他的成长，教师应该有意识地肯定学生优秀的一面，对学生所犯错误也要指出来。当然，在批评学生的时候，语气要温和，意见要中肯。教师还要告诉学生，人无完人，所有的人都有缺点，别人提出缺点时，学生要认真倾听，要保持平和心态，有则改之，无则加勉。

(二)批评学生时，允许学生做出解释

在批评学生的时候，一定要客观，不能太专制，应该允许学生做出解释。很多时候，教师批评学生往往是根据自己的推断进行的，并没有从学生的角度去考虑学生这样做的原因，这样不免出现错误或者不合理的批评。所以，教师应该允许学生进行解释，这样不仅可以更客观地对事情的真相进行了解，而且还可以引导学生进行自我反省、自我教育。

案例4-18　给学生说话的机会

明昊总是在老师上课的时候弄出怪声，老师听到后并没有马上指责他，而是在下课后单独找到明昊，问他原因，明昊说出了原因。原来，明昊坐在最后面一排，有时候举手老师也不叫他发言，他发现他一出怪声老师就能注意到他，所以，他就养成了在上课时弄出怪声的习惯了。老师明白原因之后和明昊约定，以后多多找他发言，同时也让明昊自己约束自己，尽量减少怪声。同时，老师也引导明昊，让明昊明白，怪声让很多同学产生反感，从而也帮助明昊明白了自己的行为确实不文明。

教师允许学生做出解释，并不是让他推卸责任。倾听学生内心的真正想法，这体现了对学生的尊重。

(三)批评学生时，应该保持公正

如果教师在批评学生的时候是在公开场合，有其他同学在场，教师更要注意批评的方式、方法，要尊重被批评的学生。严格要求并不等于不尊重学生。教师批评学生时，不要夸大学生的缺点或者和其他同学对比，产生其他同学对他的嘲笑。教师应该做到，批评只针对事情，并不是针对个人，全班同学无论谁犯了错误，都会进行批评，保持教师的公正性。

二、让学生承担自己做错事的后果

很多学生自己做错事，往往是由父母替学生承担做错事的后果，以致于学生对于做错事没有敢于担当的责任感，甚至有的学生都不知道做错事的后果是什么。这样，会使学生总是犯同样的错误。同时，也没有让学生在所犯错误中吸取教训、深刻反省。

教师的责任就是让学生对自己的行为产生的后果能够负责，并使学生养成敢于担当的责任感。在对错误行为付出代价的过程中，学生会不断反思、反省，进而成长。

案例4-19　学会承担就是成长

成成是一个六年级的男生。在上午课间没有去做操，一时兴起在走廊里又跑又跳，结果把走廊窗台上的一个大花盆碰到地上，打碎了。当时没人看见，他有些害怕，就赶紧回到自己的班级了。等到班主任问询他的时候，他含糊其辞地说他不知道。教师通过观察看出成成的慌张，初步判定是成成弄的。所以教师首先消除了成成的担忧，告诉同学们，一个花盆价值就是15元，对于很多有零花钱的学生来讲，是有能力赔偿的。同时，教师也表示对这件事的理解，对于身心正处于成长中的学生来讲，活泼好动是天性，出现这样的问题不代表品质问题。但是，教师话锋一转表示，事情小不代表可以逃避责任，任何自己做出的行为都应该有承担责任的勇气，敢于担当是一个人的优秀品质。

在教师的教育下，成成承认了错误，赔偿了花盆。在这件事情中，成成觉得自己有能力为自己的错误承担责任，感到自己成长进步了。

三、引导学生预见后果，总结经验教训

许多学生做事或者处理事情往往很冲动，不计后果。即便是预见后果，往往与成人的预见也完全不同。教师的责任就是要引导学生，无论做什么事情之前，都要考虑后果，并倾听朋友或者师长的意见。

案例4-20　给学生预见性的后果

任小艾老师在做班主任的时候，班级里有一个学习优秀的男孩子喜欢班级里的一位女同学，由于任老师和同学关系很好，所以这位男生把想和女生明确处朋友的想法同任小艾老师讲了。作为有多年经验的教师来讲，如果说"不行"、"不许"是说服不了这位男生的，所以任小艾就把这样做的后果给男生"预见"了一下。任小艾是这样说的："你挑明关系的结果有两个，一个好，一个坏。好的结果就是她也有这样的想法，你俩一拍即合，这样你俩就开始谈恋爱了。你们现在是学生，学习的时间很长，拿什么时间去谈恋爱？如果没有时间那就要占用学习时间了，那么你又拿什么样的努力去实现你考清华的梦想？"男生说："我没想过啊。"任小艾说："没想不行啊，你一旦表明心意就要面临这样的问题。有可能你最后得到她了，但是你却与你的梦想失之交臂，那时候你会感到你失去的比得到的要多，甚至会产生不喜欢她的想法。坏的结果就是女孩没有这样的想法，你是单相思，你一旦表明，女孩会对你产生不好的想法，你愿意你中意的女孩讨厌你、躲避你么？如果这些你都不介意，你自己选择对女孩说还是不说吧！"

最后，经过慎重考虑，男孩选择把这种好感埋在心底。

任小艾老师就是把学生没能预知的结果呈现在学生面前，让他自己去选择和面对，取得了非常好的教育效果。

教师还要善于引导学生总结经验教训，如果学生学会了总结经验和教训，学生能够自觉进行反省，这对于学生的成长是有很多益处的。

教师应如何培养学生的责任感？

(一)在班级管理中培养学生的责任感

责任感不是天生的，而是在实际活动中培养出来的。一般情况下，班干部比普通学生有责任感，这是因为教师给予了班干部更多的责任与信任。如果老师把对班干部的责任和信任推广给全班同学，那么全班同学的责任意识都能得到提高。教师要尽可能地创造机会，让更多的同学参与班级管理，广泛聘任班级干部。同时，明确规定每位班级干部的责任，如学习委员负责给作业一百分的同学发奖励；体育委员负责好体育课、间操的带队、整队；值日班长轮流当，管理教室里的各个方面。除班委会成员外，班级还有各种代表、收发作业员、师生联络员等，使全班没有"闲人"和"客人"。教师还要让学生参与制定班级目标，设计活动方案，并指导他们组织实施和评价。这样，不但使每个同学在管理中受到教育、得到锻炼，提高了自我管理的能力，而且培养了学生关心集体、勤于为集体做好事的责任心。

(二)在课堂教学中培养学生的责任感

课堂教学是教育的主阵地、主渠道，除去睡眠以外，学生一天在课堂里度过的时间约占他们生活时间的50%。在这长长的时间里，他们的认知、情感、性格、意志时时都在变化着，师生、生生间交流密切广泛，个性在迅速地发展。因此，教师要教育学生从"上好每一节课、回答好每一个问题、做好每一次作业、写好每一个字、参加好每一次活动"开始，大力倡导学生凡事做到"专心踏实，认真仔细"。

(三)在班级活动中培养学生的责任感

在班级活动中，教师应该针对不同年级学生心理发展的不同阶段，及时召开班会进行责任心教育。如在开展"我爱祖国"的班级活动中，教师让学生自己寻找这方面的英雄事迹和伟人故事来让学生体会他们身上的那种责任感和爱国精神，用榜样的作用来激励他们，让学生知道，热爱祖国应从小事做起。

教师在实施教育的时候，一定要着眼于对学生责任感的培养，并将责任感的培养寓于一切活动中，使学生认识到，作为社会一员，就要对自己、对家庭，对社会担负起责任。

参考文献

[1]周成平.国外优秀教师是如何教学的[M].南京：南京大学出版社，2009.

[2]余文森、林高明.经典教学法50例[M].福建：福建教育出版社，2010.

[3]张平.什么是最好的教育[M].南京：江苏人民出版社，2009.

[4]胡庆芳、杨翠蓉.美国学生课外作业集锦[M].北京：教育科学出版社，2008.

[5]李秉德.教学论[M].北京：人民教育出版社，1991.

[6]王文.零距离美国课堂[M].北京：中国轻工业出版社，2012.

[7]陈心五.中小学课堂教学策略[M].北京：人民教育出版社，2007.

[8]郑金洲.基于新课程的课堂教学改革[M].福建：福建教育出版社，2003.

[9]CarolAnnTomlinson，刘颂译.多元能力课堂中的差异教学[M].北京：中国轻工业出版社，2003.

[10]孙云晓、孙宏艳.好习惯是怎么培养出来的[M].北京：北京出版社，2006.

[11]由春来.中小学生学习习惯的养成[M].广东：世界图书出版社，2010.

[12]石柠、孟微微.中小学生学习兴趣的培养[M].广东：世界图书出版社，2010.

[13]吴松年.有效教学艺术[M].北京：教育科学出版社，2008.

[14]JosephCiaccio，郑莉译.完全积极的教学[M].北京：中国轻工业出版社，2005.

[15]姜勇、旁丽娟、梁玉华.儿童发展指导[M].北京：北京师范大学出版社，

2004.

　　[16]袁振国.教育新理念[M].北京：教育科学出版社，2002.

　　[17]林崇德.发展心理学[M].北京：人们教育出版社，1995.

　　[18]国家教委职业技术教育司组.学生健康指南[M].北京：九州出版社，1997.

　　[19]孙云晓.关爱明天——中小学生自我保护安全手册[M].北京：新华出版社，
2006.

　　[20]冯军梅.教育基本原理[M].北京：高等教育出版社，2003.